W0331859

Franzius

Karin Büchel

KEIN TAG

Das Leben geht weiter.
Anders. Aber dennoch weiter!

OHNE LUZIE

NACH EINER WAHREN GESCHICHTE

ROMAN

Ein Buch aus dem FRANZIUS VERLAG

Cover: Simone C. Franzius Bildlizenzen: shutterstock
Lektorat & Korrektorat: Sigrid Wohlgemuth
Verantwortlich für den Inhalt des Textes
ist die Autorin Karin Büchel
Satz, Herstellung und Verlag: Franzius Verlag
Druck und Bindung: BoD, Norderstedt

ISBN 978-3-96050-247-0

Alle Rechte liegen bei dem Franzius Verlag
Hogen Kamp 33, 26160 Bad Zwischenahn

Copyright © 2023 Franzius Verlag
www.franzius-verlag.de

Die Deutsche Nationalbibliothek verzeichnet diese Publikation in der Deutschen Nationalbibliografie; detaillierte bibliografische Daten sind im Internet über http://dnb.dnb.de abrufbar.

Alle Ähnlichkeiten mit real existierenden Personen, Firmen oder Geschehnissen sind rein zufällig. Alle Figuren in diesem Buch sind Erfindungen des Autors. Keine ist identisch mit einer lebenden oder toten Person. Ebenso wenig decken sich beschriebene Handlungen und Episoden mit tatsächlichen Vorgängen. Alle im Buch enthaltenen Angaben, Ergebnisse usw. wurden vom Autor nach bestem Wissen erstellt. Sie erfolgen ohne jegliche Verpflichtung oder Garantie des Verlages. Er übernimmt deshalb keinerlei Verantwortung und Haftung für etwa vorhandene Unrichtigkeiten.

Das Werk ist einschließlich aller seiner Teile urheberrechtlich geschützt. Jede Verwertung und Vervielfältigung des Werkes ist ohne Zustimmung des Verlages unzulässig und strafbar. Alle Rechte, auch die des auszugsweisen Nachdrucks und der Übersetzung, sind vorbehalten. Ohne ausdrückliche schriftliche Erlaubnis des Verlages darf das Werk, auch nicht Teile daraus, weder reproduziert, übertragen noch kopiert werden, wie zum Beispiel manuell oder mithilfe elektronischer und mechanischer Systeme inklusive Fotokopieren, Bandaufzeichnung und Datenspeicherung. Zuwiderhandlung verpflichtet zu Schadenersatz.

INHALT

Fantasie und Realität ... 7
Gefühle ... 11
So fing es an ... 12
Das Jahr 1978 ... 13
Bertram ... 17
Die Wochen danach ... 20
Die Jahre vergingen wie im Flug ... 24
Kinder ... 26
Luzie wird achtzehn ... 31
Neue Wege ... 46
Zwei Jahre später ... 63
Die Jahre vergingen ... 69
Der Tag ... 82
Die Tage danach ... 88
Das Leben muss weitergehen ... 102
Ideenknäuel ... 125
Die Entstehung ... 144
Das erste Treffen ... 155
November 2008 ... 163
Stark ... 169
ANUAS e.V. ... 176
Heute ... 182
Nachtrag von Marion Waade ... 184
- Bundesweite ANUAS-Ansprechpartner ... 186
- Struktur des ANUAS e.V. – bundesweit ... 188
- Kriminalpräventives ANUAS-Projekt: ANUAS TALK ... 194
- Die UN-Behindertenrechtskonvention ... 195
- Bundesweite ANUAS-Themenwochen ... 197
- ANUAS-Schirmherren und Botschafter ... 199
- Gesundheits-integrativpräventive Projekte ... 200
- Kriminalpräventive Projekte ... 203
- Literaturquellen ... 205

Nachwort und Danksagung ... 206
Die Autorin ... 208

Fantasie und Realität

Die Schnittmenge zwischen beiden ist groß.
Soll groß sein.
Denn nur so konnte ich diese Geschichte, deren Eckpunkte grausame Realität sind, als Roman schreiben.

Karin Büchel

Mutterglück ist das größte Glück der Welt. Eine Liebe, die trägt, leuchtet, stärkt.
Dem Leben einen neuen Sinn gibt. Einen tiefen Sinn.
Vielleicht den tiefsten Sinn, den das Leben überhaupt geben kann.
Mutterliebe.
Doch was ist, wenn dieses Glück zerstört wird? Der Tod seine Krallen ausfährt.
Dieses Glück entreißt? Was ist dann?

Kein Tag ohne Luzie.

Gefühle

Luzie ist bei mir. Jeden Tag. Jeden verdammten Tag. Ich sehe sie im Laufstall mit dem Stoffhasen spielen, im Sandkasten nach Schätzen buddeln, auf der Schaukel mit den Füßen voraus gen Himmel fliegen, mit der selbst gebastelten Schultüte, auf der ein Marienkäfer abgebildet ist. Ich sehe ihre leuchtenden Augen und die glühenden Wangen. Ich sehe die Zöpfe, die an den Enden mit bunten Gummis geschmückt sind. Höre ihr fröhliches Lachen, lausche der zarten, aber intensiven Stimme. Luzie singt den ganzen Tag. Sie hat eine wunderbare Stimme. Schon als kleines Kind trällerte sie mit wahrer Begeisterung. Immer. In der Badewanne, im Garten, im Schulchor und in ihrem Zimmer.

Singen gehörte zu ihrem Leben, so wie Luzie zu uns gehörte ...

Nein, sie gehört immer noch zu uns, selbst jetzt ... Fast fünfzehn Jahre nach ihrem Abschied.

So fing es an

1989 fiel die Mauer. Der pure Wahnsinn.

Es gab keine Innerdeutsche Grenze mehr. Der Eiserne Vorhang ... Gefallen, er war weg. Die friedliche Revolution hatte gesiegt.

Chapeau auf den Mut und die Durchhaltekraft der Menschen.

Ich hatte eine Flasche billigen Sekt geöffnet und mit meinem Mann Bertram angestoßen.

Im Nachhinein betrachtet hatte dies für mein Leben gar nicht so viele Vorteile. In der damaligen DDR war es ohne Probleme möglich, sich als Frau zu verwirklichen. Bitte nicht falsch verstehen. Ich meine die berufliche Verwirklichung. Es war ohne Probleme möglich, den Beruf zu ergreifen, den eine Frau sich wünschte und erträumte. Und ich wollte immer schon Medizin studieren. Und Psychologie.

Ich wollte als Frau das erreichen, was die Männer mit Leichtigkeit erreichen konnten. Und nichts bremste mich aus. Ich war eine gesunde, sportliche Frau. Konnte die besten Schulnoten vorweisen und mir damit das Tor zum Studium öffnen.

Die damalige DDR ermöglichte jedem ein Studium, förderte einen in jeder Hinsicht, sofern man »regelkonform« lebte. Nicht gegen den Staat rebellierte, keine feindlichen Kontakte aufbaute und auch sonst eher brav sein Leben fristete.

Das tat ich und durfte studieren. Mein Traum erfüllte sich.

Während dieser Studienzeit lernte ich Bertram kennen.

Das Jahr 1978

»Ich möchte ein Stück Fleischwurst und ein Brötchen«, rief ich der Bedienung über die Ladentheke zu. Es war laut in der kleinen Metzgerei. Aber ich liebte die selbst hergestellten Wurstwaren und einmal in der Woche leistete ich mir etwas Leckeres. Nachdem ich bezahlt hatte, verließ ich freudig das Geschäft.

Die Tasche mit den Büchern und Ausarbeitungen für die anstehende Lesung hatte ich unter den Arm geklemmt. Herzhaft biss ich ins Brötchen. Jeder Biss war ein Genuss und ich kaute intensiv lange, um den Geschmack vollends auszukosten. Ein kurzer Blick auf die Uhr sagte mir, dass ich mich beeilen musste, damit ich pünktlich zur Vorlesung kam. Professor Dr. Kölbel duldete keine Verspätung. Da war er sehr penibel.

Kauend lief ich über die Straße, stolperte auf dem Kopfsteinpflaster, torkelte, versuchte krampfhaft das Brötchen und die unter den Arm geklemmte Tasche zu halten, als mich starke Arme auffingen und ich die Worte vernahm: »Vorsichtig, junges Fräulein!« Ich blickte in ein fröhlich aussehendes Gesicht, sah in zwei amüsiert schauende Augen und verschluckte mich an dem letzten Brötchenkrümeln. Im gleichen Moment hörte ich das Hupen eines heranfahrenden Trabis. Mir wurde bewusst, dass ich mitten auf der Straße stand. In den Armen eines fremden jungen Mannes lag, der mich vor einem Sturz bewahrt hatte, während ich mit einem Hustenanfall kämpfte.

»Kommen Sie!« Sanft schob mich der Mann auf den Bürgersteig und reichte mir ein Taschentuch, in das ich nach Luft schnappend hinein hustete.

»Puh!«, murmelte ich, atmete tief ein und aus, dabei wischte ich mir den Mund ab. »So etwas ist mir noch nie passiert. Es tut mir leid, dass ich Sie belästigt habe.«

»Sie haben mich doch nicht belästigt. Es war mir ein Vergnügen, Sie zu retten.« Er lächelte mich an.

Verlegen schaute ich zum Boden. Dabei glaubte ich immer, eine selbstbewusste Frau zu sein. Konnte es fachlich mit jedem Mann aufnehmen und jede Diskussion gewinnen.

Und nun dies.

Ruth, vernahm ich meine innere Stimme. *Ruth, dies ist kein Fachidiot, den du mit Argumenten überzeugen kannst. Das ist ein netter, junger Mann. Mach die Augen auf!*

»Darf ich Sie heute Nachmittag zu einem Spaziergang einladen? Vielleicht können wir gemeinsam ein Eis essen gehen?«, fragte er und weckte mich aus meinen Gedanken.

Ich schaute in seine grünen Augen, dann auf meine Uhr. Verdammt. Meine Vorlesung.

»Ich muss los. Komme sonst zu spät.« Schon sauste ich davon. Meine Haare, die ich zu einem Pferdeschwanz zusammengebunden hatte, flogen bei jedem Schritt hin und her.

»Heute Nachmittag an der alten Eiche vor dem Unigebäude? Vier Uhr?«, schrie er hinter mir her.

»Ja!«

Warum nicht?, dachte ich.

Die durchaus interessante Lehrveranstaltung von Prof. Dr. Kölbel, die sich an diesem Tag mit der Zytologie beschäftigte, also der mikroskopischen Untersuchung der Zellen aus unterschiedlichen Bereichen des Körpers, drang zwar an meine

Ohren, aber nicht in mein Hirn. Denn dieses beschäftigte sich vornehmlich mit dem jungen Mann, seinen grünen Augen und dem Treffpunkt an der alten Eiche. Die Zeit ging mir nicht schnell genug um.

Endlich hatten wir kurz vor vier. Hastig verließ ich den Seminarraum, lief in die Toilettenräume, strich mir die einzelnen Strähnen glatt, die aus den zurückgebundenen Haaren stippten. Rieb mir mit den Handflächen über die Wangen, damit sie etwas Farbe bekamen, biss mir auf die Lippen, sodass diese durchblutet und auch ohne Lippenstift, den ich nicht besaß, gut aussahen und lächelte meinem Spiegelbild zu. Dann verließ ich das düstere Gebäude und sah den jungen Mann schon von Weitem im Schatten der Eiche auf und ab gehen.

Einen Moment verharrte ich, überlegte, ob ich, die stets vernünftige, klar denkende Ruth, die zielstrebig durchs Leben ging, sich wirklich mit einem Fremden treffen sollte. Aber war ich wirklich so vernünftig? Ich überlegte.

Margret und Renate, die schräg gegenüber von mir wohnten, sagten immer, ich sei steril und gefühllos. Nur weil ich noch nie einen Freund gehabt hatte. Und meine Tante Elfriede, die Schwester von Mama, meinte immer, für mich müsse man noch einen Mann backen. Das mit dem Backen habe ich nicht verstanden. Aber Tante Elfriede war sowieso etwas eigen. Toupierte sich jeden Morgen stundenlang die Haare, bis sie als Turm ihren Kopf schmückten. Feilte sich die Fingernägel ganz spitz, nur weil sie das in einer Illustrierten bei einem Besuch im Westen gesehen hatte, und zelebrierte das Waschen auf eine ihrer besonderen Art und Weise. Ich glaube, dass sie eine Waschphobie hatte. Ganz besonders die weißen Hemden von ihrem Dirk. Onkel Dirk war in der Partei ein hohes Tier. Jeden Morgen ein frisch gestärktes und gewaschenes Hemd war ein absolutes Muss. Und Tante Elfriede ging in dieser Tätigkeit voll auf: einweichen, vorwaschen, stärken, bleichen, waschen, bügeln.

»Merke dir, Ruth. Wenn du einen Mann glücklich machen willst, dann reiche ihm jeden Tag ein einwandfreies, faltenlos gebügeltes Hemd. Vor allem im Kragen dürfen keine Fältchen sein. Und an den Manschetten darf nie ein Knopf fehlen. Das ist wichtig!«

Bei diesen Bemerkungen unterdrückte ich ein Lachen, denn für mich war Gleichberechtigung das A und O. Nie würde ich meine Kräfte mit so nichtigen Arbeiten vergeuden wie waschen, putzen und aufräumen. Das hatte ich mir damals schon als Vierzehnjährige geschworen.

Ich wollte Karriere machen. Als Frau meinen Mann stehen. Beruflich erfolgreich sein. Und diesen Weg ging ich.

Ich schaute zur Eiche. *Geh schon Ruth,* meldete sich meine innere Stimme.

Und ich ging.

Bertram

»Schön, dass Sie gekommen sind.« Bertram sprach leise, seine Augen schauten mich freundlich an.

»Sollen wir spazieren gehen? Die Luft ist angenehm und die Sonne meint es gut.« Er wirkte auf mich ein bisschen aufgeregt. Machte ich ihn etwas nervös?

Ich klemmte mir die Tasche mit den Büchern unter den Arm. Ich mochte es, sie auf diese Weise zu tragen. Sah lässig und selbstbewusst aus, fand ich.

»Darf ich Ihnen die Tasche abnehmen? Sie sieht schwer aus.«

»Ich weiß nicht ..., eigentlich trage ich sie gerne selbst.«

»Aber Sie können doch mal eine Ausnahme machen. Ich bin größer und stärker und helfe gerne.«

»Wir kennen uns aber nicht.« Ich hielt die Tasche fest.

»Lässt sich ändern. Ich heiße Bertram Lange, bin Fernmeldebaumonteur, sechsundzwanzig Jahre alt, stets hilfsbereit, tierlieb und selten schlecht gelaunt.«

»Hört sich gut an«, sagte ich amüsiert, reichte ihm die Tasche und stellte mich vor.

»Medizinstudentin ... so so. Ein gebildetes Fräulein, also«, resümierte er.

»Solange ich nicht eingebildet bin, ist doch alles gut, oder?«

Das Gespräch plätscherte weiter, wir spazierten durch die Stadt, aßen unterwegs ein Eis im Hörnchen, lachten über dies und das und vergaßen die Zeit vollkommen.

Noch nie in meinen zweiundzwanzig Jahren habe ich mich so wohl gefühlt. Noch nie habe ich mich so offen und frei mit einem bis vor ein paar Stunden noch fremden Menschen unterhalten. Verständlich, dass wir längst beim Du angekommen waren. Klar, dass er mich nach Hause begleitete und wir uns bereits am nächsten Tag wiedersehen wollten.

Und eindeutig, dass mein Herz noch nie so schnell geschlagen hatte, wie an diesem Nachmittag.

Bertram.

Optisch erinnerte mich Bertram ein wenig an den Leadsänger der Band Karat: Herbert Dreilich.

Eigentlich genau mein Traumprinz: wallendes Haar, spitzbübischer Blick, selbstbewusst und ein offenes Lachen.

Stundenlang hörte ich mir den Song »Über sieben Brücken musst du gehen«, an. Immer und immer wieder. Sah Bertram vor meinen Augen, wie ich in seinen Armen tanzend durch den Raum schwebte.

Hatte ich mich etwa verliebt?

Tante Elfriede würde sich bestimmt freuen, denn nun musste sie für mich nicht mehr extra einen Mann backen.

Laut schmetterte ich die Liedzeile »manchmal ist mir kalt und manchmal heiß, manchmal weiß ich nicht mehr, was ich weiß«, wippte fröhlich mit den Füßen, sodass meine schulterlangen Haare, die ich gerne mit einem bunten Gummi zu einem Pferdeschwanz zusammenband, hin und her wippten. Ich träumte vor mich hin. Dabei müsste ich eigentlich lernen. Professor Dr. Kölbel war knallhart, wenn die Studierenden auf seine Fragen keine Antwort parat hatten. Er schaute einen über den dunklen Brillenrand streng an und machte sich Notizen in sein schwarzes Büchlein. Dabei kratzte die Feder seines Füllers über das Papier und jeder der Anwesenden wusste, dass das kein gutes Zeichen war.

Ich kochte mir einen Kamillentee und versuchte Bertram aus meinem Kopf zu verdrängen. Krampfhaft konzentrierte ich mich auf die Fachliteratur.

Aber es fiel mir schwer.

An diesem Abend legte ich mich hundemüde, jedoch überglücklich ins Bett. Ich schlief wie auf rosa Wolken. Das Leben konnte so schön sein.

Die Wochen danach

Tante Elfriede schwebte im siebten Himmel. Immer wieder nahm sie mich in die Arme und flüsterte mir ins Ohr. »Ich freue mich so sehr für dich. Bertram ist fleißig, macht was man ihm sagt, seine Eltern sind brave Parteimitglieder. Dirk hat sich nach ihnen erkundigt. Ruth!« Sie schaute mir tief in die Augen, »Ruth, das ist der richtige Mann für dich.«

Mama und Papa sagten nichts zu meiner Freundschaft mit Bertram. Weder, ob sie ihn mochten, noch ob sie ihn nicht leiden konnten.

Sie arbeiteten rund um die Uhr. Mama beim Fernmeldewesen und Papa war Facharbeiter für Eisenbahntransporttechnik. Ich war Einzelkind und früh auf mich allein gestellt. Aber das war normal. Mütter konnten sich ein Jahr als Babyjahr freistellen lassen, dann fingen sie wieder zu arbeiten an. Der Staat sorgte für genügend Kita- und Krippenplätze. Bis zu zehn Stunden täglich wurden die Kinder dort versorgt. Von gut ausgebildeten Kindergärtnerinnen und Krippenerzieherinnen betreut.

Die Einrichtungen waren von sechs Uhr in der früh bis abends achtzehn Uhr geöffnet, sodass beider Elternteile voll berufstätig sein konnten.

Ich erinnere mich gerne an die Zeit. Ich malte mit Vorliebe Sonnenblumen und Vögel und bastelte kleine Blütenblätter. Allerdings mussten wir bereits als kleine Kinder Arbeiterfahnen malen. Das war nicht so mein Ding, ganz zu schweigen von den Liedern, die gesungen wurden. Lieder vom

Sozialismus, von der Freundschaft zur Sowjetunion und vom Kampf für den Frieden. Eine Liedzeile, die mir besonders in Erinnerung blieb, hieß: »Mein Bruder ist Soldat, er schützt unseren Staat.«

»Warum muss ich das singen? Ich habe doch keinen Bruder«, fragte ich die Erzieherin. Aber da gab es kein Pardon.

Heute weiß ich natürlich, dass über allem das »Kollektiv« stand. Aber als Kind sieht man alles mit anderen Augen.

Jeder hatte zu singen. Ich auch. Ansonsten wurde sofort gedroht, es den Eltern mitzuteilen.

»Ihr Kind ist ungehorsam. Sehen Sie zu, dass das nicht noch einmal passiert. Sonst drohen Ihnen Konsequenzen.«

Als Schulkind hatte jeder die Möglichkeit, in den Hort zu gehen. Was ich gerne tat, denn dort konnte ich andere Kinder treffen. Zu Hause war es öde und langweilig. Tante Elfriede, die wegen eines schweren Hüftleidens nicht arbeiten konnte, kümmerte sich hier und da um mich. Sie war mir näher als Mama, die abends todmüde in die Wohnung kam, mir einen Kuss auf die Stirn gab und nur noch schlafen wollte. Papa gehörte zu der Sorte Väter, die sich überhaupt nicht um die Erziehung kümmerte.

»Mama macht das schon!« oder »Frag Mama, die erklärt dir das«, sagte er häufig, wenn ich ihn etwas fragte und legte sich aufs Ohr ... genauer gesagt auf unsere dunkelgrüne Stoffcouch, die neben dem Tisch mit den vier Holzstühlen stand. Auf der Tischdecke, die Mama selbst bestickt hatte, prangte eine graue Porzellanvase, in der nur an den Geburtstagen Blumen ihren Platz fanden. Blumen waren teuer. Gehörten zu den Luxusgütern.

Im Sommer pflückte ich manchmal Grashalme und Gänseblümchen, um Mama eine Freude zu bereiten. Aber die kamen nicht in die Vase.

»Die Stile sind zu kurz für die Vase. Ich stelle sie in ein Trinkglas«, erklärte Mama.

Das gefiel mir überhaupt nicht. Irgendwann pflückte ich keine Grashalme und Gänseblümchen mehr.

Und jetzt war ich zweiundzwanzig Jahre, studierte Medizin und liebäugelte mit dem Fach Psychologie. Ich hatte einiges von Kurt Gottschaldt gelesen. Er faszinierte mich mit seinen Schriften über die Sozialpsychologie, die Entwicklungspsychologie und die Persönlichkeitspsychologie. Für mich war die Verbindung zwischen Medizin und Psychologie naheliegend. Logisch. Einfach nicht wegzudenken. In beiden Bereichen geht es um den Menschen: sein Dasein, sein Leben, seine körperlichen und seine seelischen Funktionen. Der Mensch im Fokus der Wissenschaft.

Lernen fiel mir leicht. Zusammenhänge zu verstehen, war kein Problem für mich. Fachbegriffe konnte ich mir gut durch Eselsbrücken merken. Mit den Lehrbeauftragten stand ich in ständigem Kontakt. Alles in allem lag eine vielversprechende Zukunft vor mir. Und jetzt kam auch noch die Liebe dazu. Durfte ein Mensch so viel Glück auf einmal haben? Diese Frage kreiste oft in meinem Kopf. Hieß es nicht, dass zu viel Glück unglücklich macht? Das nach jedem Lachen auch Tränen fließen müssen?

Aber da war sie dann wieder, meine innere Stimme. Kopf hoch, Ruth. Nimm das Leben so wie es kommt. Bewahre das Glück, halte es fest und wenn du meinst, es verlässt dich, dann schau auf die kleinen Dinge im Leben. Du musst sie nur sehen.

Ja, ich liebte die kleinen Dinge, die mir ein Lächeln ins Gesicht zaubern konnten. Dinge, die mit Geld nicht zu bezahlen waren, so wie die Eisblumen am Fenster, der Regenbogen nach einem Gewitter, der Marienkäfer mit den lustigen

Punkten oder der Sonnenuntergang nach einem anstrengenden Tag.

Ich war stark. Innerlich. Und ich liebte Bertram. Aus ganzen Herzen.

Liebe macht stark, sagte schon meine Oma zu mir, wenn ich auf ihrem Schoss saß und sie mir liebevoll mit ihren abgearbeiteten Händen über den Kopf strich. Ihr Mann verstarb in jungen Jahren an Tuberkulose und sie musste die beiden Mädchen, Mama und Tante Elfriede allein großziehen.

In der damaligen Zeit eine Herkulesaufgabe, aber Oma war eine starke Frau, wie ich aus den vielen Erzählungen im Familienkreis erfahren habe. Eine Frau, die anscheinend in jedem noch so schlimmen Ereignis etwas Positives entdecken konnte. Durch den Tod ihres geliebten Mannes wurde sie die Frau, die alles schaffen konnte, so erzählte es meine Tante Elfriede häufig.

So wollte ich auch sein: Eine Frau, die alles schafft!

Die Jahre vergingen wie im Flug

Bertram und ich heirateten 1979 im Wonnemonat Mai. Da weder Bertram noch ich gläubig waren, fiel die kirchliche Trauung aus. Unsere Eheschließung war feierlich und dauerte eine halbe Stunde. Die Ansprache des Standesbeamten, der den lustigen Namen Poppe hatte, war sehr persönlich. Er ging auf Bertrams beruflichen Werdegang ein, auf die Geschichte seiner Eltern und den fünf Brüdern und befasste sich mit meiner Familie. Sogar Oma hatte er erwähnt und sie als starke Frau beschrieben, an der sich jede Frau ein Beispiel nehmen könnte.

Musikalisch waren Bertram und ich uns sofort einig: Richard Wagners Brautchor aus »Lohengrin« durfte auf keinen Fall fehlen. Die Zeile »Treulich geführt ziehet dahin, wo euch der Segen der Liebe bewahr'!«, ließ kein Auge trocken. Selbst Bertram tupfte sich verstohlen die Tränen von den Wangen und Mama konnte gar nicht mehr aufhören zu schniefen. Ich umklammerte Bertrams Hand, spürte meinen rasenden Herzschlag und war einfach nur im siebten Himmel.

Wir hatten eine kleine Wohnung, die ich liebevoll einrichtete. Tante Elfriede backte hin und wieder einen Sandkuchen und freute sich, wenn sie mit uns plaudern konnte.

Mama und Papa gingen vollkommen in ihren Berufen auf. Ins geheim vermutete ich, dass sie heilfroh waren, mich unter die Haube bekommen zu haben. Gesagt haben sie das allerdings nie.

Knapp vier Monate später blieb meine Periode aus.

»Bertram?« Es war kurz nach halb sechs und ich war im Badezimmer.

»Ja.«

»Bertram. Hörst du mir zu oder schläfst du noch?«

»Klar, ich höre dir immer zu. Was hast du gesagt?«

»Ich habe meine Periode nicht bekommen.«

»Passiert doch schon mal, oder? Kenne ich von meiner Mutter.«

»Hm, ja, aber es könnte doch auch sein, dass ...«

»Was sagst du? Du bekommst ein Kind?«

Ich hörte Bertrams schnellen Schritt, spürte, wie sich seine starken Arme um meinen Körper legten, roch seinen Atem und sah seine strahlenden Augen.

»Nein ... Aber ... Vielleicht!« Amüsiert über seine Reaktion gab ich ihm einen Kuss auf den Mund.

»Wenn das wahr ist, werde ich verrückt!«, rief Bertram aufgeregt. »Nein, nicht verrückt. Ich werde Vater!«, schrie er durch die Wohnung. »Vater!« Mit beiden Armen hob er mich hoch und wirbelte mich durch die Zimmer.

»Hör auf, Bertram. Ich kann nicht mehr. Lass uns noch ein paar Tage warten, dann gehe ich zum Arzt.«

Bertram ließ mich langsam los, schaute mir tief in die Augen.

»Das ist die wundervollste Nachricht auf der Welt. Du bist die Schönste. Ich liebe dich!«, flüsterte er mir ins Ohr.

Kinder

Im Juli 1980 kam unsere Tochter zur Welt.

Ein Wunschkind. Das entzückendste Baby auf der ganzen Erde, fanden Bertram und ich. So niedlich, so unbeschreiblich hübsch. »Sie leuchtet wie ein Stern!«, sagte ich unter Tränen.

Da wir uns noch nicht für einen Vornamen entschieden hatten, denn Bertram wollte, wenn es ein Junge werden würde, den Namen Heiko, ich lieber Toni. Bei den Mädchennamen waren wir auch unterschiedlicher Meinung. Er hätte gerne eine Peggy und ich sagte, ich werde erst einmal sehen, wie das Baby aussieht und mich spontan leiten lassen. Und so war es dann auch.

Das kleine Lebewesen in meinen Armen strahlte mich an, ich hielt ihr Händchen.

»Wir nennen sie Luzie. Die Strahlende, die Leuchtende. Wie findest du das?«

Bertram nickte mir zu. »Das ist ein schöner Name für unser Baby. Den nehmen wir.«

Unser Familienglück war perfekt.

Luzie hielt uns das erste Jahr ganz schön auf Trab. Blähungen, Fieber, knapp einer Lungenentzündung entkommen. Lernen konnte ich tagsüber vergessen. Nachts zwischen zwei und vier Uhr setzte ich mich an den Schreibtisch und kämpfte mit medizinischer Fachliteratur.

Nebenbei mit psychologischen Berichten und neuesten Erkenntnissen auf diesem Gebiet. Schlaf bekam ich wenig, aber irgendwie schaffte ich den Spagat, zwischen der Universität, den Prüfungen und dem Baby. Bertram arbeitete bis zu zwölf Stunden in der Fernmeldetechnik, kam vollkommen erschöpft nach Hause, kuschelte mit Luzie und schlief den Schlaf der Gerechten. Gerne beobachtete ich ihn, wenn er friedlich in seinem Bett lag. Die Fußspitzen lugten häufig unter der Bettdecke hervor und regelmäßige Schnarchtöne zeugten davon, dass er lebte.

In der Zeit, als ich Luzie stillte, habe ich Fachbegriffe gelernt. Und wenn sie wieder in ihrem Bettchen lag, Ausarbeitungen für die Lesungen und Seminare vorbereitet.

Tante Elfriede war eine treue Seele. Immer da, wenn ich sie am Tag brauchte. Auch Mama versuchte so gut es ging, mir unter die Arme zu greifen. Kurzum: Unsere Familie hielt zusammen.

Von den bereits vorhandenen politischen Unruhen bekam ich wenig mit. Nur so am Rande. Wenn ich abends mal die Nachrichten verfolgte. Meistens aber schlief ich im Sitzen ein. Todmüde. Aber, wenn ich ehrlich bin, Politik war sowieso nicht so mein Ding.

Und auf die Straße gehen, um zu demonstrieren, konnte ich zeitlich vergessen.

Und dann wurde ich erneut schwanger. Luzie war gerade elf Monate alt. Bertram freute sich wie ein Honigkuchenpferd.

Ich auch, denn eins war garantiert: Kinder waren kein Handicap. Für die Betreuung sorgte der Staat. Wir Frauen konnten und mussten arbeiten, was ich auch wollte. Allerdings war der Tag als solches, mit seinen nur vierundzwanzig Stunden ein Handicap. Viel zu kurz, um alles zu schaffen.

In solchen Momenten dachte ich gerne an Oma, die vor einigen Monaten verstorben war. Sie hatte es als Alleinerziehende in einer viel schlimmeren Zeit geschafft, ihre Töchter zu erziehen. Also würde ich es auch schaffen. Und mit Bertram an meiner Seite verschwand im Nu jede schattige Sekunde. Bertram war da, wenn ich ihn brauchte. Nahm mich in die Arme, wenn ich traurig war, ließ mich schlafen und versorgte Luzie, wenn mir vor Müdigkeit im Sessel die Augen zufielen, und er liebte mich aus vollem Herzen.

Luzie bekam ein Brüderchen: Thomas. Ein niedlicher kleiner Kerl mit schwarzen Haaren und einer Stupsnase. Und um unsere Familienplanung zu vollenden, kamen zwei Jahre später unsere Zwillinge, Günther und Martina auf die Welt.

»Jetzt ist unser Kinderquartett komplett«, frohlockte Bertram. Er wollte immer viele Kinder, denn schließlich war er in einer Familie mit etlichen Brüdern groß geworden und kannte es nicht anders. Ich nickte. Noch mehr Kinder wollte ich nicht, denn die Situation forderte unser aller Kräfte.

Aber wie sagte bereits Friedrich Nietzsche? »Was mich nicht umbringt, macht mich stärker.«

Die Zeit verging wie im Fluge.

Mein Medizinstudium hatte ich mit dem Diplom abgeschlossen, gleichzeitig das Zweitstudium der Psychologie intensiviert. Bertram war mit seiner beruflichen Laufbahn vollkommen zufrieden.

Als Facharbeiter war er angesehen, verdiente zufriedenstellend und wir konnten unsere Familie gut ernähren.

An den Wochenenden liebten wir es, gemeinsam mit den Kindern zu spielen. Wir hatten einen Metallbaukasten, kneteten mit Plastilin oder steckten Pebe-Bausteine zusammen. Diese Steine sind mit den heutigen Lego® Steinen vergleichbar.

Unsere Mädchen besaßen eine kleine Puppenstube, mit der sie stundenlang spielten.

Schon damals, Luzie war sechs oder sieben Jahre alt, trällerte sie den ganzen Tag vor sich hin. Sie konnte Lieder wie »Ein Männlein steht im Walde ...«,

»Die Blümelein, die schlafen ...« oder »Wenn Mutti früh zur Arbeit geht ...« in- und auswendig.

»Das Kind muss auf die Bühne. Die singt wie eine Nachtigall«, meinte meine Tante Elfriede und Mama schmolz dahin, wenn Luzie ihr ein Lied vorsang.

»Von wem das Kind nur diese Musikalität hat? Von mir nicht.« Mama klatschte begeistert in die Hände. Ich hatte das Gefühl, das Luzie schon als Kind wusste, dass sie mit ihrer Stimme Herzen erobern konnte. Ich freute mich riesig für sie.

Bei unseren anderen Kindern stand das Singen nicht im Vordergrund. Thomas und Günther bauten mit wahrer Begeisterung Autos aus den Teilen des Metallbaukastens oder entwickelten ganze Wohnblöcke aus Pebe-Steinen. Martina konnte wunderschöne Bilder mit Buntstiften auf buntem Pappkarton malen. Damit wurden die Küchenwände von Tante Elfriede, Mama und unserer Wohnung tapeziert.

Wir waren eine überaus glückliche Familie.

Den Fall der Mauer, die Euphorie der Menschen, die Öffnung gen Westen, die neu gewonnene Freiheit ... all das bekam ich eher am Rande mit. Nicht das ich mich nicht dafür interessierte. Nein.

Aber ich hatte keine Zeit, um aktiv diese Wandlung zu unterstützen.

Ich genoss die neuen Möglichkeiten. Keine Frage. Freute mich wie Bolle, einfach in einen Supermarkt gehen zu können und Kaffee, Tee, Bananen und Schokolade zu kaufen.

Hygieneartikel, von denen ich vorher nur geträumt hatte, waren plötzlich Normalität. Zeitungen, Schminkartikel, moderne Jeans. Bücher in Hülle und Fülle. All das war nun greifbar. Der Himmel auf Erden war so nah.

Der erste Friseurbesuch nach dem Mauerfall war für mich etwas ganz Besonderes. Als Studentin hatte ich kein Geld gehabt und hatte meine Haare selbst geschnitten. Der Pferdeschwanz war meine Alltagsfrisur gewesen. Schnell und praktisch. Kaum war ich Mutter, nervte mich diese mädchenhafte Frisur und ich ließ meine Haare kurz und sportlich schneiden. Bob war der Name für diesen Schnitt und ich fühlte mich pudelwohl damit. Bertram gefiel die neue Frisur, denn er gab mir einen Kuss und meinte, dass ich super aussehen würde. Dabei strich er mir sanft mit der Hand über die Haare.

Für unsere Kinder war es ein leichtes, sich an den neuen Luxus zu gewöhnen. Bertram und ich waren einfach nur dankbar, all dies erleben zu dürfen.

Luzie wird achtzehn

Wenn ich noch einmal die Möglichkeit hätte, die Zeit zurückzudrehen, ich würde es machen. Ja. Auch mit der Konsequenz, dann wieder hinter der Mauer leben zu müssen, keine Bananen zu essen und Volkstreu zu leben. Ich würde alles machen, um am Rad der Zeit zu drehen. Alles!

»In drei Wochen werde ich achtzehn. Ich möchte feiern. Ganz groß. Mit all meinen Freunden. Und laute Musik haben und tanzen. Die ganze Nacht tanzen und dazu singen.« Luzie stand vor mir und schaute mich freudestrahlend an. Meine Luzie. Die Strahlende ...

Aber auch die Dickköpfige. Die Rebellische. Die Zickige. Die Freche.

Was habe ich mich mit ihr gestritten. Über alles. Kaum, dass sie vierzehn Jahre war, schien mit ihr eine Verhaltensänderung einherzugehen. Meistens fing es schon am frühen Morgen an.

»Luzie! Du musst aufstehen. In dreißig Minuten kommt der Schulbus.«

»Lass mich.«

»Luzie!« Ich hämmerte an ihre Tür. »Aufstehen. Du schreibst heute einen Erdkundetest.«

»Scheiß egal!«

»Verdammt!« Ich riss die Tür auf, zog ihr die Bettdecke weg und stemmte meine Hände in die Hüfte.

»Was soll das? Aufstehen. Jetzt!«

Luzie gähnte laut und drehte sich auf die andere Seite.

»Wenn du jetzt nicht sofort aufstehst, dann verbiete ich dir, am Samstag auf die Geburtstagsfeier von Klaudia zu gehen.«

»Hach!« Luzie sprang wie eine Furie aus dem Bett und stand in ihrem dünnen Nachthemd vor mir.

»Das Einzige, was du kannst, ist, mir alles zu verbieten. Erpressung nenne ich das«, schrie sie mich an.

»Erpressung? Sieh zu, dass deine Noten stimmen und du ein ordentliches Abitur machst. Dann kannst du selber entscheiden, was richtig und was falsch ist. Die Feier ist auf jeden Fall gestrichen.«

»Warum?«, kreischte Luzie.

»Weil du einfach nur frech bist.«

»Und du bist gemein. Einfach nur gemein!«, brüllte sie mich an. In dem Moment verlor ich die Beherrschung und knallte ihr eine. Noch nie hatte ich bis zu diesem Zeitpunkt eines meiner Kinder geschlagen. Noch nicht einmal einen Klaps auf die Finger. Schlagen ist Schwäche, so meine Devise. Und nun das. Ich lief aus dem Zimmer, direkt ins Bad und schlug die Hände vors Gesicht. Warum nur ließ ich mich durch meine Tochter dermaßen provozieren? Es war doch eine normale Verhaltensweise von einer Pubertierenden, gegen die Eltern zu rebellieren. Mensch, ich hatte Psychologie studiert, kannte sämtliche Verhaltenstheorien. Und nun das. Ich ließ kaltes Wasser über meine Handgelenke laufen und versuchte mich, durch langsames Ein- und Ausatmen, zu beruhigen. In der Diele hörte ich Geräusche, kurz darauf wurde die Haustür zugeschlagen.

Luzie hatte das Haus verlassen.

Keine zwei Wochen später ereignete sich fast die gleiche Situation. Luzie machte keine Anstalten aufzustehen und ich klopfte zuerst sachte, dann heftiger an die Tür, bevor ich sie aufriss und feststellte, dass sie gar nicht mehr in ihrem Zimmer war.

»Bertram!«, rief ich aufgeregt. Ich wusste, er war im Keller, um Getränke zu holen.

»Bertram! Hast du Luzie heute schon gesehen? Sie ist nicht in ihrem Zimmer. Sie muss in die Schule.«

»Luzie hat ganz früh das Haus verlassen. Sie wollte noch zu ihrer Freundin und mit ihr die Matheaufgaben durchsprechen. Habe vergessen, dir das zu sagen.«

»Das macht sie nie. Na warte, die wird was zu hören bekommen, wenn sie nach Hause kommt. Einfach verschwinden, ohne etwas zu sagen, geht gar nicht.« Wütend öffnete ich das Fenster ihres Zimmers. »Und dieser Muff hier. Sie muss endlich lernen, aufzuräumen und sich an die Regeln halten, die wir aufstellen.«

»Luzie ist voll in der Pubertät, Liebes.« Bertram stand plötzlich hinter mir. »Warst du früher nicht auch aufsässig und hast versucht, deinen Kopf durchzusetzen?«

»Na ja, versucht habe ich es, aber ich kam nicht weit. Papa war streng und du weißt ja, dass damals in der Schule auch viel radikalere Regeln galten als jetzt. Wir hatten kaum Freizeit, im Hort lief alles nach den Vorgaben des Staates. Dagegen zu rebellieren war schwer.«

»Luzie ist vierzehn. Sie ist vernünftig. Ist doch schließlich unsere Tochter«, sagte er lachend und nahm mich in die Arme.

Ich schmiegte mich an ihn und schmollte noch ein Weilchen vor mich hin.

Luzie. Die Strahlende. Diejenige, die mir so verdammt ähnlich war. Ich wollte auch immer mit dem Kopf durch die Wand. Wollte meine Ziele erreichen, scheiterte als Kind und Jugendliche, an den Vorgaben, die von außen auf mich wirkten. Aber als ich mein Abitur in der Tasche hatte, wollte ich studieren. Auf Teufel komm raus. Gegen die Vorstellungen und Pläne, die meine Eltern für mich geschmiedet hatten. Meine Eltern wollten, dass ich eine Ausbildung im Post- oder Bankwesen machen sollte.

Ich nicht. Medizin stand bei mir an erster Stelle und Psychologie. Und ich bin diesen Weg gegangen.

Bertram hatte mich in allem unterstützt, wofür ich ihn besonders liebe.

Ja, eigentlich konnte ich Luzies rebellisches Verhalten verstehen, aber leider nicht akzeptieren. Ganz schlimm wurde es mit ihr, als sie das sechzehnte Lebensjahr vollendet hatte.

Es war ein Mittwoch. Ich kann mich so genau an den Wochentag erinnern, weil ich morgens einen Zahnarzttermin hatte und eine Wurzelbehandlung über mich ergehen lassen musste. Luzie kam aus der Schule, auf dem Rücken ihren Rucksack und auf der Schulter ...

»Nein!«, schrie ich hysterisch. »Nein. Du kommst mir damit nicht ins Haus. Bring augenblicklich das Viech weg. Auf der Stelle.« Thomas und Günther kamen bei dem Gekreische sofort aus der Küche gelaufen und standen vor Luzie.

»Boah, darf ich die mal streicheln?«, fragte Thomas.

»Ich will die auch mal auf der Schulter haben«, freute sich Günther.

»Raus damit!«, schrie ich.

»Mensch Mama. Das ist doch nur eine Ratte«, sagte Thomas und fuhr mit der Hand über das Fell.

»Nimm die Finger weg von dem Viech«, brüllte ich und zog seine Hand zur Seite. »Ratten können bei einem Biss bis zu einhundert verschiedenen Krankheiten übertragen. Wisst ihr das denn nicht?«, rief ich aufgebracht. »Ich habe Medizin studiert und weiß, wie gefährlich die sein können. Ich will keine Ratte in meinem Haus. Ist das klar Luzie?«

»Das ist meine Ratte. Basta! Und du wirst sie mir nicht wegnehmen.« Ihre Augen blitzten mich an, ihre Stimme vibrierte vor Wut. Sie warf den Kopf in den Nacken und wollte an mir vorbei in ihr Zimmer gehen. Aber ohne mich. Ich packte sie an der Schulter, sodass dieses Vieh von Ratte erschrocken auf den Boden sprang und durch unsere Wohnung lief. Direkt ins Wohnzimmer. Und weg war sie.

»Fang die Ratte. Sofort!«

»Wenn du dem Tier nichts tust, tut es dir auch nichts. Das sagst du doch immer, Mama«, sagte Günther. Mit seinen spitzbübischen Augen durchsuchte er unsere Wohnung.

»Sei still!«, raunzte ich ihn an. Dabei konnte er gar nichts für diese skurrile Situation.

»Eni ... Eni ...«, rief Luzie und krabbelte auf allen vieren durch die gute Stube. Gefolgt von Thomas. Ich stand im Türrahmen und verstand für einen Moment die Welt nicht mehr. Wie kann ein junges Mädchen auf die verrückte Idee kommen, eine Ratte mit nach Hause zu bringen?

»Da bist du ja, Eni«, hörte ich Luzies Stimme und beobachtete, wie sie die Ratte unter dem Sofa hervorhob und mit beiden Händen festhielt.

»Bring das Viech weg!« Meine Stimme war knallhart und ließ keinen Widerspruch zu. »Sofort.«

»Ich kann sie nicht einfach aussetzten. Mama!«

»Doch! Weg mit der Ratte.«

»Gut, dann bin ich auch weg. Eni gebe ich nicht her. Du bist so gemein. Das werde ich dir nie vergessen.« Damit drehte sie sich um und verließ im Laufschritt das Haus. Ich ging zur Tür, schaute ihr nach.

»Willst du den Schlafsack mitnehmen? Dann kannst du im Park auf einer Bank schlafen«, rief Thomas ihr hinterher.

»Oder bei uns im Garten«, gab Günther zum Besten.

Ich atmete tief ein, um meine Erregung unter Kontrolle zu bekommen. Warum war Bertram jetzt nicht da? Er hätte bestimmt eine Idee gehabt, wohin die Ratte abgegeben werden konnte.

»Luzie, bleib stehen. Wir können doch über alles reden. Es gibt Zoohandlungen, die nehmen solche Tiere. Bestimmt.« Doch Luzie war schon hinter den Häuserblöcken verschwunden. Verzweifelt wählte ich Bertrams Nummer. Ich störte ihn ungern an seinem Arbeitsplatz, aber die Situation wuchs mir über den Kopf.

»Er ist in einem Kundengespräch«, teilte mir seine Mitarbeiterin mit. Auch das noch. Als Bertram endlich zu Hause war, saß ich in der Küche und schälte heulend Kartoffeln. Den ganzen Nachmittag hatte ich schon geweint, sämtliche Freundinnen von Luzie angerufen, aber anscheinend war sie bei keiner. Ich sah furchtbar aus. Meine Augen waren geschwollen, die Nase lief, Haarsträhnen hingen mir ins Gesicht und mein Puls raste. Bertram nahm mir das Schälmesser aus der Hand, zog mich zu sich hoch und hielt mich ganz fest. So als ob er mich nie wieder loslassen wollte.

»Mach dir keine Sorgen. Bitte. Luzie kommt zurück. Ganz bestimmt.«

Ich nickte, schluchzte, lehnte mein Gesicht an seine Schulter und ließ meinen Tränen freien Lauf.

Die Nacht war ein absoluter Albtraum. Ständig lauschte ich, ob Luzie zurückkam, hörte draußen Geräusche und rannte ans Fenster, legte mich zurück ins Bett, wälzte mich hin und her, stand auf, ging an die Haustür, um auf die Straße zu schauen. Vielleicht saß sie ja hinter einem Strauch und bibberte vor Kälte oder lag hilflos unter einem Baum. Doch von Luzie war nichts zu sehen.

In dieser Nacht kam sie nicht nach Hause. Zum ersten Mal. Dafür stand sie am nächsten Tag vor der Tür. Blass sah sie aus, verfroren, obwohl wir Juni hatten. Ihre Haare standen in alle Richtungen, ihre Ringe unter den Augen waren so schwarz wie Kohle. Meine Güte. Meine Luzie. Ich nahm sie wortlos in die Arme, denn von diesem Vieh war nichts zu sehen.

Bertram stand neben uns. »Ich hoffe, die Ratte ist nicht in dem Rucksack und noch eins mein Kind: Nie wieder so eine Aktion. Ist das klar?« Sein Ton war scharf wie ein Rasiermesser. Er schaute Luzie so lange streng an, bis diese müde nickte.

»Hast du mich verstanden? Ich habe deine Antwort nicht gehört!«

»Ja, Paps. Es tut mir ...«, sie druckste, schluckte und sagte leise »leid.«

»Wirklich?«, fragte ich unter Freudentränen. Luzie gab mir einen Kuss auf die Wange. »Ja!«

»Dann ab unter die Dusche und ins Bett«, sagte ich.

»Du müffelst.« Ich lächelte ihr zu.

Die Streitgespräche mit Luzie hatten allerdings auch nach dem Rattendebakel kein Ende. Mal ging es um ihre Klamotten, die sie trug und mir ein Dorn im Auge waren: zu kurz, zu eng, zu tief ausgeschnitten oder was auch immer. Wir stritten über ihre Leistungen in der Schule, ihre Freunde, die mir nicht zusagten, über Pünktlichkeit und ähnliches. Es verging kaum ein Tag, an dem wir uns nicht in die Haare kriegten.

Verdammt! Sie war mir so ähnlich.

Und nun wurde sie achtzehn. Meine Kleine.

»Wie viele von deinen Freunden werden denn kommen? Nur damit ich planen kann«, fragte ich sie.

»Oh, ein paar.« Mit der Hand strich sie ihre langen dunkelblonden Haare aus dem Gesicht.

»Pia und Klaudia, die kennst du ja. Wohnen gleich um die Ecke. Die werden auch bei mir pennen. Dann kommen Peter, Klaus, Jürgen, Rollo, Bine, Christian, Jannis und Thános.« Luzie hatte mit den Fingern mitgezählt. »Zehn bis jetzt. Aber Thános bringt noch seine Kumpels aus der Band mit. Rechne mal mit zwanzig Leuten.«

»Zwanzig? Und die kommen alle zu uns? Wollt ihr nicht besser in den Jugendraum der Feuerwehr gehen? Wo sollen die denn alle hin? Bei uns im Wohnzimmer ist nicht genug Platz.« Ich zog die Augenbrauen hoch und schaute Luzie fragend an.

»Ach, Mutti. Es ist Sommer und wir haben einen Garten. Ich hänge bunte Lampions und Girlanden auf und wir stellen den Tapeziertisch von Papa für das Buffet nach draußen. Getränke und Essen können sich dann alle selbst holen. Ich helfe auch bei den Schnittchen und dem Kartoffelsalat. Bestimmt. Und räume hinterher den Garten auf. Mutti! Ich werde nur einmal achtzehn.« Luzie umarmte mich, gab mir einen Kuss auf die Wange und summte die Melodie von »Woman in Love«.

Meine Luzie. So musikalisch. Ihre Stimme war atemberaubend. Mit ihr konnte sie jeden um den Finger wickeln. Auch mich.

»Aber ich sage dir eins. Es gibt keine harten Getränke. Ist das klar?«

»Das ist doch wohl nicht dein Ernst, oder?«, rief sie entsetzt. »Ich werde achtzehn. Jannis und Rollo werden die Cocktails mixen. Haben sie schon gesagt.

Und Bine bringt Sangria mit. Bananenweizen besorgen wir, habe ich denen versprochen. Und Cola-Korn gibt es auf jeder Party. Auch auf meiner. Basta!«

»Luzie!«, entgegnete ich laut. »Korn kommt mir nicht ins Haus. Ich habe keine Lust, Schnapsleichen ins Krankenhaus zu fahren. Hast du das verstanden?«

»Du kannst mich mal«, erwiderte Luzie und ließ mich stehen wie einen Trottel.

Die Vorbereitungen für die Feier liefen auf Hochtouren. Ich funktionierte. Der Kartoffelsalat war fertig. Der Nudelsalat, die Mettbrötchen, einen Käseigel und Baguette mit Kräuterbutter standen vor der Vollendung. Luzie half mir, allerdings war unsere Kommunikation auf das Nötigste beschränkt.

»Schneidest du die Gürkchen klein?«

»Ja.«

»Und vergiss nicht den Salat noch einmal gut zu würzen?«

»Welchen Salat?«

»Na, den Nudelsalat, der andere ist doch längst fertig und steht im Kühlschrank«, antwortete ich gereizt.

Luzie hielt die Pfeffermühle in den Händen und drehte so langsam, dass kaum Pfeffer heraus kam.

»Du musst schon etwas kraftvoller drehen, sonst brauchst du eine Stunde«, moserte ich.

»Dann mach es doch selber.« Sie schleuderte die Mühle auf den Tisch und verließ wütend die Küche.

»Luzie! So habe ich es doch nicht gemeint«, rief ich hinter ihr her. Herrje, ihre Bockigkeit brachte mich schier zur Verzweiflung. Ich pfefferte den Salat, richtete einen Teller mit frischem Gemüse Snacks her, legte die Bockwürstchen in siedendes Wasser und hoffte, dass Luzie sich beruhigen und mir bei den letzten Vorbereitungen helfen würde. Aber sie blieb in ihrem Zimmer. Auch nach mehrmaligem Rufen meinerseits. Dafür halfen mir ihre Brüder. Sie und Martina hüpften anschließend aufgeregt durch den Garten und freuten sich, dass die Party losgehen würde. Es sollte in den Geburtstag hinein gefeiert werden und das hieß, der Garten brauchte noch einige bunte Lampions und Kerzen. Ich lief wie ein Berserker zwischen Küche, Keller und Garten hin und her. Stellte Teller, Gläser, Servietten ordentlich auf den Tapeziertisch, schmückte diesen mit Luftschlangen und hängte mit Bertram bunte Luftballone auf. Kurz vor Partybeginn klopfte ich noch einmal an Luzies Zimmertür.

»Luzie? Bist du fertig. Die ersten Gäste werden gleich kommen«, säuselte ich, um nicht noch mehr schlechte Stimmung zu provozieren. Schließlich würde sie in einigen Stunden achtzehn Jahre alt werden. Und tatsächlich. Luzie öffnete die Tür und stand vor mir. Viel zu enge Jeans, bauchfreies Shirt in knallrot, verdammt tiefer Ausschnitt, Plateau-Sneaker mit bunten Senkeln und Haare, die wild durcheinander in alle Richtungen standen. Rote Strähnen, die mit ganz viel Haarspray gen Himmel zeigten, setzten dem Ganzen die Krone auf. Ich schlug die Hände über dem Kopf zusammen, holte tief Luft. »Du willst doch nicht in diesem Aufzug deinen Geburtstag feiern? Bist du denn total übergeschnappt? Zieh diese irrsinnigen Klamotten aus. Geh ins Bad und kämm deine Haare. Los!«, brüllte ich. Kaum hatte ich die Sätze ausgestoßen, war mir klar, dass ich so keinen Zugang zu meiner Tochter bekommen würde.

Sie stand breitbeinig vor mir, schaute mich aus schwarz geschminkten Augen an. Jeder Blick eine Provokation. Heftig schüttelte sie den Kopf.

»Du tust mir leid. Wenn ich achtzehn bin, dann mache ich sowieso, was ich will. Basta!« Aufgebracht lief sie an mir vorbei in den Garten, drehte die Musikanlage auf und sang laut zu Ace of Base den Song »All that she wants«. Dabei hüpfte sie tanzend zwischen den Tischen und Stühlen. Sie sah glücklich aus. Ihre Stimme ein Wunder. Ich stand im Türrahmen und kämpfte mit den aufsteigenden Tränen. Warum nur hatten wir eine so schwierige Mutter-Tochter Beziehung?

Kurz vor zwanzig Uhr trudelten die ersten Gäste ein. Ich stand in der Küche und Bertram versuchte mich zu beschwichtigen.

»Reg dich nicht so auf, Liebes. Luzie wird achtzehn. Denk nach, wie du dich verhalten hast, als du in diesem Alter warst. Wir kannten uns noch nicht, aber ich kann mir vorstellen, dass du es auch faustdick hinter den Ohren gehabt hast.« Bertram zwinkerte mir zu. »Deine Mutter erzählte ja nicht so viel, aber was sie sagte, klang nicht nach einem zuckersüßen, braven Teenager. Oder?« Er stand nun dicht vor mir und lächelte mich an. Seine Finger strichen sanft über meine Wange. Mein Herz begann heftig zu schlagen. Ich merkte, wie gut mir Bertram tat. Seine ruhige, überlegte Art war so ganz anders als meine. Und meistens hatte er recht. Ich legte meinen Kopf an seine Schulter und seufzte leise in seine Halskuhle.

»Wo ist den Lu?« Ein junger Mann, den ich noch nie vorher gesehen hatte, steckte seinen Kopf in die Küche. Er roch stark nach Qualm und einem undefinierbaren Rasierwasser.

»Lu?« Ich schaute ihn fragend an. Keiner nannte unsere Luzie einfach nur Lu. Luzielein habe ich zu ihr gesagt, als sie noch klein war. Irgendwann wollte sie diesen Kosenamen nicht mehr hören. Sie bestand auf die Anrede Luzie. Und nun dieser Typ, der einfach Lu sagte.

»Ja, wo ist sie? Lu!«, schrie er plötzlich durchs Haus. Martina und Günther kamen in die Küche, schauten den Fremden an.

»Da vorne ist meine Schwester.« Günther zeigte mit dem Finger in den Garten.

Ich holte Luft und wollte gerade etwas von wegen Schreien in einem fremden Haus und nicht Vorstellen sagen, als mir Bertram beschwichtigend die Hand auf die Schulter legte. »Nichts sagen. Gibt nur Ärger!« Lächelnd schaute ich ihn an. Wie gut er mich doch kannte. Mein Bertram. Nach und nach füllte sich der Garten. Luzie wirbelte von einem zum anderen. Wurde umarmt, geküsst, in die Luft gehoben, geherzt.

Meine Luzie, dachte ich und beobachtete sie mit etwas Wehmut. Achtzehn Jahre würde sie in knapp drei Stunden werden. Vorbei die Zeit, in denen wir ihr als Eltern etwas sagen konnten. Aber wenn ich ehrlich war, diese Zeit war schon längst vorbei. Luzie machte, was sie wollte. Oder jedenfalls machte sie fast alles, was sie wollte. Sie war klug, hatte eine tolle Stimme, ein strahlendes Aussehen. Sie würde die Welt erobern, das war mir klar und wir, Bertram und ich, mussten uns leise verabschieden. Jedenfalls kam es mir so vor. Die letzten Jahre waren anstrengend mit Luzie. Besonders für mich, denn Luzie rebellierte gegen alles, was ich sagte. Lag es an mir? Das habe ich mich tausendfach gefragt. Immer und immer wieder die Schuld bei mir gesucht. Bertram meinte, ich hätte keine Schuld. Wir seien uns einfach zu ähnlich. »Luzie ist wie du!«, sagte er stets.

Jeder Streit, jedes Wort, jede verkehrte Geste führte für mich zu einer Art Abschied. Abschied von Luzies Kindheit. Ihr Erwachsenenwerden wollte ich nicht akzeptieren. Konnte ich nicht akzeptieren. Als ausgebildete Psychologin erkannte ich natürlich sofort, dass ich an mir arbeiten musste. Loslassen! Das Zauberwort in jeder Beziehung. Wer loslässt, verliert niemanden. Natürlich war dies mir bewusst. Aber ... Fachleute, zu denen ich mich selbst auch zähle, sprechen von

Entbindung. Ich habe Luzie vor vielen Jahren entbunden. Unter Schmerzen ... starken Schmerzen und jetzt soll ich sie wieder entbinden?

Der Gedanke tat weh. Obwohl es der richtige Weg war. Ja, all das wusste ich ganz genau. *Jeder Aufbruch bringt etwas Neues. Jede Ablösung führt zu einem neuen Anfang.*

Ich liebte Kalendersprüche. Eine Leidenschaft, zu der ich hemmungslos stehe. Sprüche dieser Art helfen mir, vieles etwas leichter zu sehen. Auch wenn es nicht unbedingt der intellektuellste Weg ist, mit Problemen klarzukommen. Aber das war mir egal.

Ich habe kleine bunte Zettel mit Sprüchen dieser Art an verschiedenen Stellen in der Wohnung aufgehängt. Im Flur, direkt neben dem Schlüsselbrett ist zu lesen: *Lass die Menschen los, die zu blind sind, deinen Wert zu schätzen.*

Rechts neben der Kaffeemaschine pappt der Zettel: *Wer nicht loslassen kann, riskiert mit dem unterzugehen, was er festhält.*

Und im Badezimmer zwischen Spiegelschrank und Seifenschale hängt ein Spruch, den ich besonders mag: *Manchmal denkt man, festzuhalten macht stark. Doch es ist meistens das Loslassen, was uns Flügel verleiht.*

Oh, wie gerne hätte ich in jenem Moment Flügel gehabt und dem Chaos der Geburtstagsfeier entfliegen können. Luzie war aufgedreht wie ein Dilledopp. Junge Männer, die ich bis dato noch nicht gesehen hatte, fühlten sich anscheinend pudelwohl bei uns im Garten. Und die Mädchen, abgesehen von Pia und Klaudia, die bei uns in der Nachbarschaft wohnten, waren mir auch fremd.

Warum hatte Luzie ihre Freundinnen und Freunde nicht schon vorher mal mit nach Hause gebracht? Uns vorgestellt, so wie es sich gehört. Waren wir ihr als Eltern zu regelkonform? Zu bieder? Zu peinlich? Die Musik hallte durch den Garten, die Salatschüsseln waren geplündert und der Bestand der alkoholisierten Getränke nahm merklich ab. Luzies gute Laune hingegen steigerte sich ins Unermessliche. Die Zeiger näherten sich der Mitternachtsstunde. Gleich würde meine Kleine ihr achtzehntes Lebensjahr vollenden. Und dann war es schon so weit. Alle zählten grölend mit. »Fünf-vier-drei-zwei- eins-null ... Happy Birthday!«

Bertram und ich hielten uns im Hintergrund. Ein Durchkommen zu unserer Tochter schien unmöglich zu sein. Luzie strahlte wie ein Stern. Um sie herum blinkten und flackerten alle anderen nur schwach im Licht der bunten Lampions. Ich war stolz auf unsere Tochter. Sie schien gesegnet zu sein mit Eigenschaften, um die ich sie fast schon ein bisschen beneidete: eine fröhliche, offene Erscheinung, super Aussehen, intelligent und clever, gesanglich ein Phänomen, stimmgewaltig und sensibel. Alles schien ihr bei der Geburt jemand in die Wiege gelegt zu haben. Ein Glückskind!

Gegen null Uhr dreißig hatten Bertram und ich es endlich geschafft, unserer Tochter zu gratulieren und sie in den Arm zu nehmen. Kurz, denn sie schob uns etwas zur Seite.

»In ein paar Wochen habe ich das Abi in der Tasche. Dann studiere ich Musik in Griechenland!«, teilte sie uns mit.

Bäng!

»Griechenland?«, kreischte ich, aber meine Stimme ging bei der lauten Musik unter.

»Griechenland?«, fragte auch Bertram, doch da war Luzie bereits wieder in den Armen des jungen Typs, den wir nicht kannten.

Ich griff nach Bertrams Hand und zog ihn ins Wohnzimmer.

»Habe ich da richtig gehört? Luzie will in Griechenland Musik studieren? Ist sie denn von allen guten Geistern verlassen? Wer soll das denn bezahlen? Wir haben noch drei Kinder und die müssen auch eine Ausbildung bekommen. Bertram, sag was!«, schrie ich ihn an.

Bertram hatte sich eine Zigarette angezündet. Das tat er eigentlich nur, wenn ihn etwas bedrückte. Er zog fest an dem Glimmstängel, atmete den Rauch tief ein und blies ihn in die Luft. Einmal. Zweimal. Dreimal. Dann schaute er mir in die Augen.

»Wenn wir Luzie verbieten nach Griechenland zu gehen, werden wir sie ganz verlieren.«

Recht hatte er, das wusste ich. Hatten wir sie nicht längst verloren?

Ich konnte meine Tränen nicht zurückhalten.

Pia und Klaudia, die eigentlich bei uns übernachten wollten, hatten es sich anders überlegt und verließen bereits um kurz nach eins mit zwei Typen die Party.

»Klasse Party«, mit den Worten verabschiedeten sie sich bei mir und liefen laut lachend die Straße hinunter.

Um vier in der Früh kehrte allmählich Ruhe bei uns ein. Die meisten Gäste waren gegangen. Außer zwei junge Männer, mit denen Luzie zwischen Bierkästen und Musikanlage auf dem Rasen saß und sich köstlich amüsierte. Ihr fröhliches Lachen ließ mein Herz höher schlagen. Ich liebte sie, mit allen Fasern, mit der eine Mutter ihr Kind liebt.

Neue Wege

Luzies Abitur hätte besser sein können, dachte ich, als ich ihre Durchschnittsnote von 2,7 sah. Mit diesem Schnitt standen die Chancen schlecht, Medizin, Jura oder Psychologie zu studieren. Dabei wünschte ich mir das so sehr. Aber zählen die Wünsche einer Mutter? Nein, natürlich nicht. Luzie musste selber wissen, was sie studieren wollte. Und das wusste sie, zu meinem Leidwesen sehr genau. Musik!

Luzie und ich saßen in unserer Küche, die nicht groß, dafür sehr gemütlich war, wie ich fand.

Ich nippte an meinem Tee und Luzie hatte ein Glas Cola vor sich stehen.

»Willst du nicht doch zuerst eine anständige Ausbildung machen? Dann bist du auf der sicheren Seite, wenn du musikalisch keinen Fuß fasst.«

»Ich will Musik studieren. Das habe ich schon tausendmal gesagt. Ich will singen, auf der Bühne stehen, das Publikum spüren und den Applaus genießen. Kannst du das nicht verstehen? Du hast doch auch gemacht, wofür du gebrannt hast. Oder? Neben Medizin auch noch einen Abschluss in Psychologie. Hätte ja auch nicht sein müssen. Im Übrigen kann ich immer noch eine Ausbildung machen. Auch mit dreißig. Überhaupt kein Problem.«

»Du weißt, dass du noch Geschwister hast und wir dir finanziell nicht allzu viel zur Ausbildung beisteuern können.«

»Herrje, verstehst du das denn nicht? Ich werde singen und damit ganz schnell sehr viel Geld verdienen. Thános hat einen

Cousin, der in dieser Branche tätig ist. Ich lerne ihn nächste Woche kennen. Am Dienstag fahre ich für ein paar Tage nach Griechenland.«

»Und das sagst du mir jetzt erst!«, schrie ich sie an.

»Wo wirst du denn wohnen und wer bezahlt die Fahrt?«

»Mama! Ich bin achtzehn. Hast du das vergessen?«

Nein, hatte ich natürlich nicht. Aber ich konnte doch unsere Tochter nicht so blauäugig und allein nach Griechenland fahren lassen.

»Soll Papa dich begleiten?«

Luzie war aufgesprungen und stand nun breitbeinig vor mir, rollte mit den Augen und zeigte mir einen Vogel.

»Jetzt wirst du kindisch, Mama.« Drehte sich um und verließ die Küche.

Nachdenklich schaute ich auf den Zettel neben der Kaffeemaschine, strich mir in Gedanken eine Haarsträhne hinters Ohr, und las die Worte: *Wer nicht loslassen kann, riskiert mit dem unterzugehen, was er festhält.*

Ich stützte den Kopf auf beide Hände und schloss für einen Augenblick die Augen. Wahrscheinlich hätte ich das Gleiche getan, wäre ich an ihrer Stelle. Ich wollte auch immer mit dem Kopf durch die Wand. Aber Griechenland ...

Dienstagmorgen.

Bertram und ich saßen in der Küche. Er las die Tageszeitung und ich schlürfte am Kaffee. Luzie war in ihrem Zimmer. Sie hatte Musik auf voller Dröhnung. Es nervte mich, doch ich riss mich zusammen und wollte nicht schon am frühen Morgen einen Krach provozieren. Es war halb neun, da schellte es an unserer Haustür. Fast gleichzeitig wurde Luzies Zimmertür aufgerissen und knallte laut und heftig gegen das Bücherregal. Sie stürmte zu uns in die Küche.

»Das ist Thános. Wir fahren zusammen ein paar Tage nach Egáleo. Habe ich euch gesagt, oder? Dort wohnt Kóstas. Ich hole kurz den Rucksack und die Tasche, dann sind wir weg.« Eilig lief sie zur Haustür. Mich hielt es nicht in der Küche und ich eilte hinter ihr her, sah, wie sie öffnete und diesem Thános einen Kuss auf die Wange hauchte. Sekunden später verschwand sie in ihrem Zimmer, um kurz darauf mit Sack und Pack vor uns zu stehen.

»Machts' gut.«

Bertram sprang vom Stuhl auf und stellte sich Luzie in den Weg.

»Wer ist Kóstas und was macht ihr in Egáleo?«

»Kóstas ist Thános Cousin. Ich habe euch von ihm erzählt, aber ihr hört mir ja nie zu.« Luzies Stimme war gereizt. »Und in Egáleo wohnen wir. Von dort aus ist es nicht weit bis Athen. Da gibt es eine renommierte Uni. Die will ich mir anschauen. Aber vielleicht gehe ich auch zuerst nach Freiburg. Habe mich bereits erkundigt. Die Uni dort soll auch super sein.«

»Freiburg ... Athen ... Mensch Luzie. Du hast überhaupt keinen richtigen Plan von deiner Zukunft. Mach eine ordentliche Ausbildung oder studiere auf Lehramt und nebenbei verfolgst du das Singen. Dein Hin und Her zeugt von Unreife«, schnaubte ich sie an.

»Siehste, egal was ich sage, du findest alles doof!«, konterte sie zurück.

»Mal langsam, ihr zwei. Willst du es dir nicht doch noch einmal überlegen, Luzie? Deine Mutter hat gar nicht so unrecht mit ihrem Vorschlag.«

Auch Bertram schien irgendwie aufgebracht, dabei hatte Luzie es wirklich erzählt. Aber zwischen Tür und Angel und ich vermutete, Bertram hatte nur mit einem halben Ohr zugehört. Wie er es so oft tat. Verzweifelt schaute er mich an, doch ich hatte in diesem Moment keine Lust, mich mit Luzie anzulegen. Ich zuckte mit den Schultern. Was sollten wir machen? Sie festbinden? Ging nicht. Es ihr verbieten? Hatte auch keinen Zweck. Herrje, die Situation war verfahren. Aber sie sagte auch etwas von Freiburg. In Freiburg wohnte eine frühere Nachbarin von mir, fiel mir ein. Gisela Klein. Vielleicht sollte ich sie einfach mal anrufen. Im Übrigen hatte die Universität von Freiburg einen sehr guten Ruf in Akademikerkreisen.

Meine Gedanken sprangen durcheinander.

Auf jeden Fall gefiel mir die Idee, dass Luzie in Freiburg studieren wollte, besser, als die Idee, in Griechenland Fuß zu fassen.

Ich sah, wie Thános Luzie das Gepäck aus den Händen nahm. Er nickte uns zu und ging zu dem blauen Ford Transit, der vor unserem Haus stand.

Luzie zögerte einen winzigen Augenblick, umarmte mich dann kurz, gab Bertram einen Kuss auf die Wange und lief hinter Thános her.

»Tschüssikowski«, rief sie und stieg in den Wagen.

»Macht euch keine Sorgen um mich. Ich schaff das schon.«

»Melde dich, wenn ihr angekommen seid, meine Kleine!« Ich winkte ihr zu. Luzie lächelte, ihre Augen strahlten, sie winkte zurück. Thános gab Gas, der Motor heulte auf und der Wagen fuhr in Richtung Stadtmitte. Weg waren sie. Weg war Luzie.

»Und nun?«, fragte Bertram.

»Was ist denn das für eine Frage. Luzie wird in Freiburg einen Studienplatz bekommen, Musik studieren und das machen, was sie am liebsten macht: singen. Griechenland ist bestimmt nur so ein Spleen. Ich kenne sie. Ein paar Tage Griechenland und sie wird sich nach deutscher Essund

Lebenskultur sehnen oder sie wird sich mit Thános zanken. Luzie lässt sich von keinem etwas sagen, erst recht nicht von einem Mann!« Ich wollte stark sein, meine eigene Gefühlswelt nicht zeigen, doch Bertram kannte mich wie seine eigene Westentasche. Er nahm mich in seine Arme und wir drückten uns fest, als ob es das letzte Mal wäre, dass wir uns drücken würden.

»Ich finde meine Fußballschuhe nicht?«, schrie Thomas. Er stand in der Haustür und hielt seine Sporttasche in der Hand. »Ich muss mich beeilen, der Bus kommt in sechs Minuten.«

»Die stehen in der Garage«, antwortete ich. Wir hatten vier Kinder und wurden gebraucht. Für Trübsal blasen keine Zeit.

»Oje, ich habe heute noch einen Gewerkschaftstermin. Ist mein blaues Hemd gebügelt?«, fragte Bertram.

»Hängt im Schlafzimmer.« Lächelnd ging ich zurück in die Küche.

»Luzie wird es schaffen«, murmelte ich. »Schließlich ist sie meine Tochter.«

Thomas hatte sich die Fußballschuhe geholt und rannte im Laufschritt auf die Straße. Bertram folgte ihm wenige Minuten später.

»Bin gegen einundzwanzig Uhr zurück«, sagte er, klemmte sich seine Tasche unter den Arm und zog die Haustür schwungvoll zu. Die beiden anderen Kinder hatten sich mit Freunden verabredet. Ich war allein.

Der Gedanke, Luzie würde in Freiburg studieren, gefiel mir recht gut. Vom Hörensagen kannte ich die Albert-Ludwigs-Universität. In den Schwarzwald wollte ich sowieso immer mal fahren und die Altstadt muss ein Highlight für jeden Touristen sein.

Aber Egáleo ...

Den Namen hatte ich noch nie gehört. Nicht weit von Athen, hatte Luzie gesagt. *Hätte sie uns nicht ausführlicher über ihre Pläne informieren können?*, fragte ich mich.

Wir hätten ihr gerne geholfen, eventuell beim Aufbau neuer Kontakte oder ihr finanziell etwas unter die Arme greifen können.

Nachdenklich ging ich zu unserem Bücherregal, das wir in Heimarbeit an den Wänden des gesamten Treppenhauses hochgezogen hatten, und suchte mir den ALEXANDER Schulatlas.

Alle Schulbücher unserer Kinder, alle Bücher von Bertram und mir, bekamen hier einen guten Platz und jeder hatte stets die Möglichkeit, sich den Lesestoff herauszugreifen, welchen er gerade benötigte. Ich brauchte den Atlas, um zu gucken, wo genau Egáleo lag.

Nervös blätterte ich mich durch das Kartenwerk. Endlich. Eine Karte, die Griechenland zeigte. Und ich fand den Ort: Egáleo. Wirklich nicht weit von Athen. Vielleicht fünf oder sechs Kilometer, laut Maßstab, der auf dem unteren Teil der Landkarte angegeben war.

Grenzte an die Ausläufer Athens. Die Innenstadt schien nur einen Hauch entfernt zu sein. Ich nahm mir ein Lexikon und suchte in diesem nach Egáleo. Anscheinend galt diese Stadt als Vorort von Athen. Ich blätterte weiter im Lexikon, schlug das A auf und fand Athen. Klar kannte ich diese Stadt aus dem Geschichtsunterricht, aus Büchern und dem Fernsehen. Die Sehenswürdigkeiten waren mir durchaus bekannt: die Akrópolis, der Hafen von Piräus, das Kloster Daphní, der Triumphbogen, die Hadriansbibliothek und die zahlreichen griechischen Inseln. Von all dem hatte ich gehört. Viele Fotos gesehen. Dort gewesen war ich nie. Hatte auch nie diesen Wunsch verspürt. Ich blätterte weiter. Luzie sprach von einer

Universität. Und ich fand einen Eintrag: Nationale und Kapodistrias-Universität Athen. Was für ein Name! Die größte Präsenzuniversität Europas, stand dort geschrieben.

Das Institut für Musikwissenschaften bot viele Teildisziplinen an. Sowohl historische Musikwissenschaft als auch Musikethnologie, klassische Musik und populäre Musik. Sowohl Rock- und Popmusik als auch Jazz. Luzie brannte für Jazz. Schon als kleines Kind reagierte sie auf diese Musik, sang mit und bewegte ihren Körper zu den Rhythmen.

Ich wünschte ihr von Herzen alles Gute, aber genauso wünschte ich mir, dass Luzie nicht nach Griechenland gehen würde. Die Mentalität war mir fremd und ich machte mir Sorgen, ob sie dort in der Ferne wirklich Fuß fassen würde. So weit weg. Pi mal Daumen etwa zweitausenddreihundert Kilometer. Meine Güte.

Dann doch lieber Freiburg im Breisgau. War zwar auch nicht um die Ecke, aber immerhin nur gut achthundert Kilometer entfernt.

Ich kochte mir einen Pfefferminztee. Musste mich beruhigen. Meine Gedanken sortieren. Über alles nachdenken. Doch die Zeit des Nachdenkens war kurz. Kaum hatte ich mich auf dem Stuhl bequem zurückgelehnt, da klingelte das Telefon. Martina war am anderen Ende der Leitung.

»Du, Mama. Kann ich heute etwas länger bei Sylvia bleiben? Wir wollen gemeinsam für den Englischtest lernen. Kannst du mich dann abholen? So um einundzwanzig Uhr?«

Ich atmete tief durch. Das Leben ging weiter, auch wenn Luzie auf neuen Wegen war. Wege, mit denen ich mich erst anfreunden musste.

»Ja, klar. Ich komme vorbei. Bis später.«

Vier Kinder, da gab es kaum eine ruhige Minute.

Luzie rief uns zweimal aus Griechenland an. Sie erzählte, dass sie sich an der Universität eingeschrieben hätte, aber noch auf einen Bescheid warten würde. Sie wollte einige Tage in Egáleo bleiben, sich vom Abiturstress erholen und dann zurückkommen. Parallel zur Uni in Athen hätte sie sich aber auch in Freiburg eingeschrieben.

»Wenn ich in Freiburg einen Studienplatz zum Wintersemester bekomme, dann nehme ich den an und wechsle später, so nach ein bis zwei Semestern, an die Nationale- und Kapodistrias-Universität von Athen«, sagte sie uns. Sie würde auf einem Familienfest bei Freunden singen und wäre schon ganz aufgeregt. Mehr sagte sie nicht.

Aus ein paar Tagen wurden ganze drei Wochen. Unerwartet stand sie vor unserer Tür. Braungebrannt und strahlend. Es war kurz vor dreiundzwanzig Uhr und Bertram und ich hatten schon unsere Schlafanzüge an.

»Thános trägt das Gepäck ins Haus«, sprach sie, umarmte uns kurz und lief die Treppe zu ihrem Zimmer hoch.

»Ach, übrigens, zum Wintersemester fange ich an der Uni in Freiburg an. Ich bekam vorgestern den Bescheid. Habe vergessen, euch anzurufen, aber die Rückfahrt war anstrengend. Ich gehe jetzt auch direkt schlafen. Thános kann doch die Nacht bei mir bleiben, oder?« Luzie erwartete gar keine Antwort von uns. Sie schlug die Zimmertür zu und Bertram und ich standen wie zwei begossene Pudel im Flur und schauten uns nur ratlos an.

Unsere Luzie.

Wenigstens ist es kein Studium in Griechenland, freute ich mich.

In dieser Nacht träumte ich davon, dass Luzie die Bretter der Welt erobern würde. In allen großen Städten Auftritte hatte und von einem Termin zum nächsten jagte. Zwischendurch mal einen Boxenstopp bei uns machte, aber nur kurz, denn unsere Welt war nicht mehr die ihrige. Viel zu eng, zu klein, zu bieder.

»Ich bekomme keine Luft bei euch«, sagte sie, eingehüllt in einem kuriosen, farbenfrohen Etwas und verließ unser Haus. Draußen wartete ein schwarzes Cabrio, in das sie einstig, eine Sonnenbrille aufsetzte, ihre schulterlangen braunen Haare aus dem Gesicht strich und mit einem lauten Hupen davonraste. Das Hupen riss mich aus meinem Traum und ich schob schweißgebadet die Bettdecke zur Seite.

Luzie ... der neue Stern am Musikhimmel.

Zum Wintersemester war es dann endgültig so weit. Luzie hatte ihre Koffer gepackt. Einen großen Teil der Klamotten hatte sie vorab nach Freiburg geschickt. Sie bezog ein kleines Zimmer in einem Wohnheim keine fünf Minuten von der Uni entfernt. Als ich ihr sagte, dass Frau Klein, unsere frühere Nachbarin dort wohnen würde und ein Auge auf sie werfen könnte, ist sie mir fast an den Hals gesprungen.

»Hast du sie eigentlich noch alle, Mama? Ich brauch doch keinen Anstandswauwau in Freiburg. Im Übrigen hat mir diese Frau Klein damals ein paar auf die Finger gehauen, nur weil ich deren Erdbeeren gegessen habe. Die soll mir gefälligst vom Leib bleiben«, brüllte sie mich an.

»Ich meine es doch nur gut, Luzie«, stammelte ich, immer noch perplex von der heftigen Reaktion. Dabei wollte ich ihr doch nur ein Gefühl der Fürsorge vermitteln. Als Mutter machte ich mir Sorgen, schließlich wohnte Luzie zuvor noch nie in einer anderen Stadt. Und nun Freiburg.

»Ich meine es nur gut«, sagte ich versöhnlich.

»Lass mich doch einfach in Ruhe. Ich bin alt genug und gehe meinen eigenen Weg. Ich brauche keine guten Ratschläge und deine Gluckerei geht mir sowieso auf den Keks!«

Die Distanz zwischen Luzie und mir wurde immer größer. Es konnte doch nicht allein an dem Altersunterschied liegen, dachte ich. War ich wirklich so eine Glucke und konnte nicht loslassen?

Loslassen ...

So ein kleines Wort und trotzdem so schwer umzusetzen.

»Sollen wir dich zum Bahnhof fahren?« Bertram schaute auf das Gepäck, welches sich im Flur stapelte.

»Nein! Ich werde von Thános abgeholt. Ihr braucht euch nicht zu bemühen«, sagte sie und schnallte sich den schweren Rucksack auf den Rücken. Mit jeder Hand schnappte sie sich einen Koffer, einen Mantel hatte sie über die Schulter geschmissen und eine Tasche unter den Arm geklemmt. So verließ sie das Haus.

Ich stürmte in die Küche, holte rasch die Tupperdose mit den selbst gebackenen Makronen, die ich extra für sie gemacht hatte. Ich lief hinter ihr her.

»Hier. Nimm wenigstens die Kekse. Du musst etwas essen auf der langen Fahrt.«

»Nerv mich nicht. Ich bin jetzt weg!«, zischte sie und kletterte in Thános Wagen.

»Luzie!«, rief ich, wollte dem bereits gestarteten Auto hinterherlaufen, doch Bertram hielt mich am Arm zurück.

»Nein. Lass sie. Sie wird schon vernünftig. Irgendwann.«

»Wann?«, schrie ich ihn an und trommelte mit den Fäusten auf seinen Oberkörper. »Wann wird sie endlich erwachsen?« Dann legte ich den Kopf an seine Brust und unterdrückte die aufsteigenden Tränen.

Das Weihnachtsfest feierten wir ohne Luzie. Zum obligatorischen Schweinebratenessen hatte Thomas seine Freundin Thea eingeladen und Martina brachte ihre neue Liebe Cem mit. Günther war solo. Er hatte sich zum Nikolausfest von seiner Jugendliebe getrennt.

»Habe die Nase voll von den Frauen«, maulte er. Bertram konnte sich gerade noch ein Grinsen verkneifen, aber ich sah seinen Augen an, dass er sich über den Satz köstlich amüsierte.

»Das wird schon wieder, Junge.« Freundschaftlich knuffte er ihn in den Arm.

Wir saßen rund um den großen Esstisch. Luzies Platz war leer. Zum allerersten Mal zu Weihnachten, seit wir eine Familie waren. Auch Silvester feierten wir ohne Luzie. Sie meinte, sie hätte alle Hände voll zu tun. Ostern kam sie auch nicht, obwohl Freiburg ja nun nicht aus der Welt war.

»Ich bin total busy. Lernen, Referate schreiben, Klausuren, Vorsingen, Texte lernen. Ich weiß nicht, wo mir der Kopf steht«, erzählte sie bei einem Telefonat.

»Sonst alles gut bei dir?«, fragte ich sie höflich.

»Herrje, wenn etwas nicht stimmen würde, dann würde ich es schon sagen. Du nervst, Mama.«

Das tat weh. Immer wieder hörte ich diese Worte von ihr: Du nervst!

War ich wirklich so eine Nervensäge? Ich liebte Luzie, so wie jedes meiner Kinder. Ich sorgte mich um sie, so wie ich mich um jedes meiner Kinder sorgte. Nur von den anderen bekam ich Input. Sie erzählten, klar nicht alles, sie redeten mit mir, natürlich, nicht über jedes Thema. Aber sie ließen mich an ihrem Leben teilhaben. Und das war schön.

Luzie ließ mich nicht mehr teilhaben. Leider!

Es war ein lauschiger Abend kurz nach Ostern. Bertram und ich saßen in unserem Garten. Er hatte ein Glas Bier vor sich stehen und ich eine Berliner Weiße mit Waldmeistergeschmack.

»Weißt du noch, als die Kinder klein waren und wir abends mit ihnen um den Tisch saßen und gespielt oder gebastelt haben?« Wehmütig schaute ich in den Himmel.

»Damals dachte ich, mein Leben könnte immer so weitergehen. So liebevoll, so familiär. Und jetzt? Jetzt sitzen wir hier allein und sinnieren über Vergangenes.«

Bertram schmunzelte.

»Du weißt schon, dass unsere Kinder alle erwachsen sind, oder? Sie gehen ihre eigenen Wege. Und wir haben nur noch die Aufgabe, sie zu begleiten oder bei Bedarf zu unterstützen. So ist das Leben.«

»Ja, ja, ich weiß. Es ist nur so schade, dass wir mit Luzie kein normales Verhältnis haben. Sie ist so eigen. Unsere Älteste ist mir so fremd geworden. Überhaupt nicht mehr meine strahlende Luzie, so wie sie als Kind war.«

»Unsere Kinder werden erwachsen oder sind es bereits und wir sollten ihnen mit unseren wehmütigen Erinnerungen nicht im Wege stehen. Prost meine Liebe. Das Leben geht stets eigene Wege.«

Wie recht er mit diesem Satz haben sollte, wurde mir erst viel später bewusst.

Drei Monate danach, es war ein verregneter Sommertag, schellte es an der Haustür und Luzie stand davor. Im ersten Augenblick dachte ich, ich würde träumen, dann begann mein Herz zu hüpfen.

»Luzie! Mein Kind!« Ich breitete die Arme aus.

»Hallo Mam«, kam knapp von Luzie zurück. Sie hatte einen Rucksack auf dem Rücken, eine Tasche in der Hand und ging an mir vorbei ins Haus.

»Warum hast du uns nicht Bescheid gesagt, dass du in Berlin bist? Ich hätte dir etwas Leckeres gekocht und deine Geschwister wären bestimmt zur Begrüßung da gewesen. Papa ist auf der Arbeit. Mensch Luzie. Wie geht es dir? Warum meldest du dich so selten? Wie läuft das Studium?« Ich konnte mich nicht bremsen. Redete immer weiter und sah erst jetzt, dass Luzie genervt vor mir stand. Sie hatte ihre Lippen aufeinandergepresst, auf der Stirn waren Zornesfalten zu sehen und ihre Gesichtsfarbe war so Rot wie eine reife Tomate. Dann platzte es aus ihr heraus.

»Merkst du gar nicht, wie du mir auf die Nerven gehst? Diese ständige Fragerei ... Boah, wie ich das hasse. Genau das ist der Grund, warum ich mich nicht melde. Ich packe nur meine restlichen Klamotten und dann bin ich wieder weg. Ich habe einen Studienplatz in Athen. Nur damit du informiert bist, du willst ja immer alles genau wissen.« Sie drehte mir den Rücken zu und stapfte zornig in ihr Zimmer. Peng! Das Geräusch ihrer zugeknallten Tür ließ mich erzittern. *Was habe ich nur als Mutter falsch gemacht*, fragte ich mich. *Was?*

Ich hörte, wie Luzie in ihrem Zimmer rumorte. Bertram hatte ich angerufen und ihn gebeten, früher nach Hause zu kommen. Ich hatte etwas Angst, dass Luzie dann schon wieder fort wäre, wenn er erst abends käme. Und so war es dann auch beinahe. Luzie stand schon mit fertig gepackten Koffern und Kisten im Flur, als Bertram kam.

»Was ist denn hier los? Du kommst einfach wann du willst und verschwindest, wie es dir passt. Ich habe gehört, du möchtest in Athen weiter studieren. Wie stellst du dir das vor?

Wovon willst du dort leben?« Bertram war außer sich. Ich sah es an seinen bebenden Nasenflügeln und an seinem Brustkorb, der sich ständig aufblähte und dann wieder herabsank.

»Da hat Papa recht. Wovon willst du leben?«, fragte ich.

»Ich bekomme ja das Kindergeld für mich. Habt ihr so versprochen. Was mir dann fehlt kaufe ich mir von meinen Gagen. Ich kann neben meinem Studium in einer kleinen Bar singen und verdiene so genug, um nicht zu verhungern. Mehr brauche ich nicht!« Sie hatte die Hände in die Hüften gestemmt, was auf mich in diesem Moment irgendwie arrogant wirkte. Dabei war Luzie nicht arrogant. Nein! Sie wusste nur ganz genau, was für sie der zukünftige Weg war, und den wollte sie auf Teufel heraus allein gehen. Ohne uns. Ohne unsere Unterstützung.

»Du weißt, dass wir immer für dich da sind«, sagte Bertram nun in liebevollem Ton und wollte sie in den Arm nehmen.

»Ja, ja!«, stieß Luzie aus und entzog sich seinen Armen. »Ich weiß. Ich melde mich, wenn etwas ist.« Damit schob sie ihren Krempel zur Haustür, an der Thános bereits ungeduldig wartete.

»Du brauchst ja ewig. Komm, wir müssen los!« Ich versuchte Luzie noch einmal zu mir zu ziehen.

»Melde dich, nicht nur wenn du in Schwierigkeiten bist. Wir freuen uns über jede Nachricht von dir.« Ich drückte ihr einen Geldschein in die Hand. »Nimm. Ist nicht viel. Pass auf dich auf, meine Kleine. Gute Fahrt!« Ich hauchte ihr einen Kuss auf die Stirn, den sie mit dem Handrücken wegwischte. Ich ließ sie los.

Mein Herz war schwer. Loslassen ... Ja ... Aber es verursachte bei mir Bauchschmerzen.

Hinzu kam, dass mir dieser Thános unsympathisch war. Keine Frage, er war jung, dynamisch, sah gut aus. Wirkte auf mich aber sehr bestimmend. Ich erklärte es mir selbst, indem ich seine Mentalität dafür verantwortlich machte, die mir fremd war. Aber wenn Luzie ihn mochte, dann wünschte ich ihr natürlich alles Glück der Welt.

Die Tage flogen dahin. Vier Mal in der Woche arbeitete ich in der Klinik, hastete abends zu Elternsprechtagen, kümmerte mich um den ersten Liebeskummer von unserer Martina, stand sonntags auf dem Fußballplatz, feuerte lautstark unsere Jungs an, half Bertram beim Redenschreiben, denn er war aktiver Gewerkschaftler und ich wartete Abend für Abend auf ein Lebenszeichen von Luzie. Nach endlosen drei Wochen rief sie an. Es war schon spät und Bertram schlief bereits.

»Hallo Mam, hier ist Lu. Wollte mich mal melden. Mir geht es gut. Fast jeden Abend singe ich in einer kleinen Bar. Hier in Egáleo. Die Leitung ist schlecht. Bis bald!« Weg war sie.

Ich presste die Lippen aufeinander. Zum zweiten Mal hatte Luzie mich Mam genannt. Noch nie hatte sie sich mit Lu gemeldet. Sie hieß Luzie! Verdammt noch einmal: Luzie! Hatte sie etwas getrunken, schoss es mir durch den Kopf. Ihre Stimme klang verändert.

Lu! Nein, so würde ich sie nie nennen. Sie hörte sich an wie eine fremde Person. So anders war sie. Gedankenverloren ging ich ins Schlafzimmer, in dem mich Bertram mit einem lauten Schnarchen empfing. Ihn jetzt zu wecken, würde nicht viel bringen. Er schlief fest wie ein Murmeltier. Ich legte mich dicht neben ihn und kuschelte meinen Körper an seinen. Wie ein Daumenkino rasten Bilder von Luzie in meinem Kopf. Ich sah sie, als sie im Laufstall hockte und ihre Puppe Erika zum x-ten Mal kämmte. Ich sah ihre erwartungsvollen, strahlenden Augen und die große Schultüte, auf der ein quietschgrüner Frosch hockte, in den kleinen Händen.

Ich schmunzelte, als ich sie auf dem blauen Bonanza-Rad sitzen sah, als sie mit ihren Brüdern um die Wette fuhr. Ich war stolz auf meine Kleine, als sie auf der Schulbühne stand und mit glühenden Wangen Kinderlieder vorträllerte. Und dann Luzie mit den Klamotten in den Händen, Thános im Hintergrund, als sie nach Griechenland aufbrach.

Irgendwann in der Nacht muss ich wohl eingeschlafen sein, denn das Schellen des Weckers hatte ich nicht gehört.

Bertram schüttelte mich an den Schultern.

»Aufwachen. Genug geschlafen.«

Mein Kopf brummte, als hätte ich abends zu viel getrunken. Mit beiden Händen rieb ich meine Augen und blinzelte Bertram an, der lächelnd neben mir saß und mir einen Kuss auf die verwuschelten Haare gab. Bertram ... In all den Jahren hatte er sich äußerlich durchaus verändert. Sein wallendes Haar war jetzt stufig und kurz geschnitten, die ersten Grauen blinzelten und sein Bauchumfang hatte beträchtlich zugelegt. Aber innerlich der ruhende Pol, so wie er es immer gewesen ist.

»Nicht Bertram. Ich sehe bestimmt fürchterlich aus. Jedenfalls fühle ich mich so.«

»Du bist die Schönste für mich. Das weißt du doch!«

Schmeichler, dachte ich und quälte mich aus dem Bett.

Luzie studierte fleißig, wie sie uns in wenigen Anrufen erzählte. »Es ist hier alles so frei. Die Leute sind viel freundlicher als in Berlin und in Freiburg. Halt nicht so spießig. Nicht so formell. Hier sind überall Olivenhaine und Felder mit Zitrusfrüchten. Die Luft vibriert förmlich von diesen frischen Gerüchen. Ein Traum. Ich kann den ganzen Tag Musik machen. Singen. Ich habe jede Menge Auftritte, ist das nicht toll? Kóstas hat die besten Verbindungen zur Musikbranche. Mir stehen alle Türen offen.«

Sie hörte sich zufrieden, ja fast schon euphorisch an. Die Beziehung zu Thános sei in die Brüche gegangen.

»Er ist mir zu unreif. Da habe ich mich von ihm getrennt. Seit drei Wochen bin ich mit Kóstas zusammen. Er ist ein toller Typ«, erzählte sie bei unserem Gespräch.

Ein toller Typ ... So wie Bertram?, fragte ich mich und musste schmunzeln.

»Ich wünsche dir alles Glück der Welt«, sagte ich ihr am Telefon. Ja, das tat ich wirklich. Aber machen das nicht alle Mütter?

»Wann kommst du uns mal wieder besuchen? Du warst lange nicht hier. Wir vermissen dich ganz doll!«

»Bald! Aber du weißt ja, der Weg ist anstrengend und teuer. Und fliegen ist nicht so mein Ding, keine Ahnung warum. Ich melde mich die Tage wieder. Tschüss.«

Zwei Jahre später

Außer diesen obligatorischen Anrufen hatten wir Luzie nicht mehr gesehen und um nach Griechenland zu fahren, fehlten uns das Geld und die Zeit. Unsere anderen Kinder waren mittlerweile teilweise in einer Ausbildung oder kurz vor Schulabschluss. Das Leben war teuer und Bertram und ich konnten uns selbst ganz gut einschränken.

»Irgendwann werden wir zwei die Welt erobern. Irgendwann!«, sagte er häufig zu mir, wenn mich die Reiselust packte und ich wehleidig unseren Geldbestand zählte.

»Ich würde so gerne mal ein paar Tage in die Türkei. Ankara muss eine tolle Stadt sein. Oder Prag bei Nacht sehen. Paris! Wir zwei unter dem Eiffelturm.« Ich kuschelte mich an Bertram.

»Irgendwann!«, meinte er.

Das Weihnachtsfest kam näher. Luzie hatte am Telefon gesagt, dass sie uns besuchen wollte. Mein Herz machte Luftsprünge. Endlich.

»Ich werde am Heiligen Abend kommen und euch etwas Leckeres aus Griechenland mitbringen«, versprach sie.

Der Heilige Abend war, wie jedes Jahr, sehr turbulent und hektisch. Bertram suchte den Ständer für den Baum und war über einen längeren Zeitraum damit beschäftigt den Christbaum aufzustellen. Ich durchwühlte den Keller nach den Kartons, in denen ich die silbernen Kugeln und den handgemachten Engel aus dem Erzgebirge aufbewahrte, schälte zwischendurch Kartoffeln, würzte den Braten und putzte das Badezimmer. Thomas schickte ich los, die fehlenden Getränke zu kaufen. Günther hatte den Auftrag, Muskatnuss und frische Petersilie zu besorgen. Und Martina wollte unbedingt noch Plätzchen backen.

»Kokosmakronen für Luzie. Die isst sie doch so gerne!«

Immer wenn ein Auto bei uns vorbei fuhr, schaute ich durch die Gardine nach draußen. *Wann würde sie kommen? Würde sie überhaupt kommen?*, fragte ich mich.

Kurz vor sechzehn Uhr.

Der Christbaum war geschmückt, der Tisch festlich gedeckt, die vier Kerzen auf dem Adventskranz angezündet und leise Weihnachtsmusik erfüllte den Raum.

Ich wartete. Und Bertram auch. Ich sah, wie er ständig auf die Armbanduhr spinkste. Wusste er vielleicht, wann Luzie da sein würde?

Eine halbe Stunde später stand Luzie tatsächlich vor der Tür, so wie sie es versprochen hatte. Ich nahm sie in die Arme.

Dünn ist sie geworden, dachte ich, behielt es aber für mich. Bertram nicht.

»Mensch Luzie, du hast ja abgenommen. Du musst mehr essen, Kind. Komm rein in die gute Stube.« Thomas, Günther und Martina stürmten auf sie zu und überhäuften sie mit Fragen. Ich stand im Türrahmen und freute mich. Meine Familie. Endlich wieder vereint.

Ich hatte den Schweinebraten im Backofen, dazu gab es Erbsen und Möhrchen, Blumenkohl und Kartoffeln. Als Nachtisch hatte ich zwei Gläser mit eingemachten Pflaumen und Pfirsichen aus dem Keller geholt. Dazu bekam jeder von uns Vanilleeis.

»Wie lange bleibst du Luzie?«, hörte ich Martina fragen. »Weißt du, nach dem Abi will ich auch studieren. Da kannst du mir bestimmt ein paar Tipps geben.«

Luzie flüsterte ihr etwas ins Ohr. Ich sah Martinas erstaunten Blick und fragte mich, was da wohl gesagt wurde.

Das Essen verlief friedlich. Alles drehte sich um Luzie, die aufgedreht von ihren Auftritten und dem anstrengenden Studium erzählte.

»Sechs Stunden haben wir Vorlesungen. Jeden Tag. Abends müssen wir Unmengen für die Geschichte der Musik auswendig lernen, besonders für das Fach historische Musikwissenschaft. Daten über Daten.

Unser Prof. ist da besonders streng und genau. Alte Schule eben. Nebenbei die Referate schreiben und die Ausarbeitungen vorbereiten. Um einundzwanzig Uhr springe ich in meine Bühnenklamotten, um eine halbe Stunde später zu singen. In der Bar, in der ich vier Mal pro Woche auftrete, ist immer der Bär los. Super Publikum. Und Kóstas behauptet, aus mir wird mal eine ganz große Sängerin.«

Luzie wirkte verändert, aber ich konnte nicht sagen, warum. Sie war selbstbewusster geworden, keine Frage, konnte sich darstellen und wusste, dass alle Augen auf sie gerichtet waren. Aber etwas störte mich an ihrem Verhalten. Aber ich konnte nicht sagen, was es war.

Auch Bertram schien sie aufmerksam zu beobachten. Warf mir zwischendurch immer mal wieder einen fragenden Blick zu, sagte aber weiter nicht viel. Er hörte zu, was er unheimlich gut konnte. Das liebte ich so sehr an ihm. Bei ihm hatte ich immer das Gefühl, dass er mich und meine Worte ernst nahm. Er hatte die Fähigkeit, stets offene Fragen zu stellen und so sein Gegenüber zu animieren, weiter zu reden. Nur jetzt am Tisch sagte und fragte er wenig.

Und dann, kurz vor dreiundzwanzig Uhr. Wir hatten gegessen, aufgeräumt und die Bescherung war vorbei, da stand Luzie auf.

»Ich gehe jetzt schlafen. Morgen in der Früh holt Kóstas mich ab. Er hat noch einige Termine, bei denen ich dabei sein muss. Es geht um meine weitere musikalische Laufbahn. Das versteht ihr doch, oder?«

»Aber Kind, du bist doch gerade erst angekommen. Ich dachte, du bleibst einige Tage bei uns. Du kannst natürlich auch deinen Freund mitbringen. Das weißt du, Luzie. Kannst du nicht noch etwas bleiben?« Meine Stimme wurde immer leiser. Aufsteigende Tränen konnte ich nur mit Müh und Not unterdrücken. Hilfesuchend blickte ich zu Bertram, doch er zuckte nur mit den Schultern.

»Wenn du meinst, dass das richtig ist, dann musst du es machen. Aber du weißt, dass wir sehr traurig sind, wenn du morgen wieder weg bist. Im Übrigen hat Mama recht. Du könntest uns deinen Freund ruhig mal vorstellen.«

»Beim nächsten Mal. Gute Nacht!« Damit verließ Luzie ohne ein weiteres Wort den Raum. In ihrem Zimmer hörte ich sie noch eine Weile rumoren, dann war es still.

Ich hatte mir den Wecker auf fünf Uhr gestellt, denn ich wollte unbedingt dabei sein, wenn Luzie das Haus verließ. Nebenbei wollte ich diesen Kóstas sehen, schließlich sagte Luzie, dass er sie abholen würde. Vielleicht könnte ich ja mit ihm sprechen und ihn überreden, noch ein paar Tage in Berlin zu bleiben. Hundemüde und traurig schlürfte ich meinen Kaffee. Etwa eine Stunde später hörte ich Geräusche aus Luzies

Zimmer und kurz darauf kam sie mit ihrem Gepäck die Treppe herunter.

»Ach, du bist schon auf.« Sie schaute mich vollkommen entgeistert an.

»Luzie!« Ich stand nun neben ihr und packte sie an den Schultern. »Luzie, du wirkst auf mich sehr abwesend, wenn ich es mal so nennen darf. Verändert. Bitte sage, wenn es dir nicht gut geht. Wenn du Hilfe brauchst. Du weißt, wir sind immer für dich da und wir können über alles reden.« Sie lächelte mich gequält an, legte für einen Moment ihren Kopf an meine Brust, zuckte aber sofort zurück, als sie das Hupen eines Wagens auf der Straße hörte.

»Ich muss jetzt gehen, sonst wird Kóstas sauer. Ich melde mich. Ganz bestimmt.« Hastig schritt sie zur Tür, öffnete diese umständlich und knallte sie hinter sich zu. Weg war sie.

Im ersten Augenblick stand ich wie versteinert im Flur, dann lief ich ans Küchenfenster und hoffte sie noch zu sehen, ihr zu winken oder ihren Freund zu erspähen. Und tatsächlich. Ich erhaschte im letzten Moment einen schnittigen Alfa Romeo Spider, weiß mit schwarzem Dach und sah einen grauen Haarschopf. Kóstas!

Ich rannte die Stufen hinauf und stürmte ins Schlafzimmer, in dem Bertrams Nasenspitze unter der Bettdecke hervorlugte.

»Ich habe gerade diesen Kóstas gesehen. Nur kurz. Von der Seite. Aber der hat schon richtig graue Haare. Hey, wach auf. Hast du gehört, was ich gesagt habe?«

»Hm, klar doch. Ich habe richtig graue Haare. Ich weiß. Werde ja bald fünfundfünfzig.«

»Mensch, wach auf. Dieser Kóstas hat graue Haare. Der ist bestimmt zwanzig Jahre älter als Luzie. Wenn nicht noch mehr. Ich dachte, ihr Freund wäre ein fescher Grieche mit lockigem schwarzem Haar. So ein Ádonis, du weißt, was ich meine, oder?«

Bertram hatte sich schlaftrunken hingesetzt und schaute nun in meine Augen.

»Du meinst wirklich, dass es dieser Kóstas war? Vielleicht hatte er eine graue Mütze auf dem Kopf. Es ist eisig kalt draußen.«

»Ich bin zwar schon mal etwas schusselig, aber nicht blind. Das war ihr Freund. Da bin ich mir hundert Prozent sicher. Meinst du, es ist eine Beziehung, die ihr guttut? Sie wirkte gestern so fremd auf mich. Und dann der schnelle Aufbruch heute in der Früh. Sie hätte ihn uns doch vorstellen können. Schließlich sind wir ihre Eltern.«

»Mach dir nicht so viel Sorgen. Komm.« Bertram zog mich in seine Arme und ich schmiegte mich an seinen warmen Körper.

Die Weihnachtstage vergingen wie im Flug.

Tante Helmi und Onkel Karl kamen zu Besuch und brachten zwei Dosen mit herrlich duftenden, selbst gebackenen Spekulatius mit. Ich hatte ihnen einen Christstollen geschenkt. Der gelang mir immer mit Leichtigkeit und schmeckte echt gut. Am zweiten Weihnachtstag fuhren Bertram und ich ins Altenheim »Grüne Oase« und besuchten Bertrams Cousin, der nach einem Schlaganfall nicht mehr auf die Beine kam.

Abends spielten wir mit den Kindern Rommé, schlürften heißen Glühwein und naschten Süßes vom Weihnachtsteller. Keiner sprach über Luzie, keiner fragte nach ihr. Trotzdem hatte ich das Gefühl, jeder würde an sie denken.

Die Jahre vergingen

Martina studierte Geschichte und Englisch an der Berliner Humboldt-Universität. Sie wollte Lehrerin werden. Nebenher jobbte sie in einem Altenheim. Günther hatte seine dreijährige Ausbildung zum Elektriker beendet und einen Arbeitsplatz in Wedding gefunden. Thomas schmiss die Ausbildung zum Einzelhandelskaufmann nach einem Jahr hin und studierte Informatik.

»Das ist die Zukunft von morgen!« So sein Lieblingssatz. Luzie tingelte durch Griechenland, hatte Auftritte in Deutschland und ein nicht abgeschlossenes Musikstudium. Unser einziger Kontakt waren wenige Telefongespräche, die oft gleich abliefen.

»Wenn ich als Sängerin nicht mehr gebucht werde, beende ich mein Studium und leere an einer Schule«, sagte sie stets, wenn wir sie nach ihrer beruflichen Perspektive fragten. Eine musikalische Laufbahn war klasse, fand ich, aber nebenbei musste man eine fundierte Ausbildung haben. Schließlich sind die Wege, die für einen bestimmt sind, nicht vorhersehbar.

Aber Luzie winkte diese Einwände stets lachend ab.

»Mam, ich bin gut. Sagen alle und Kóstas meint, ich wäre eine Granate. Meine Stimme sei einzigartig. Also mach dir keine Sorgen.«

Luzie trat unter dem Namen Lu auf. Sie schickte hin und wieder Zeitungsausschnitte, in denen von ihren grandiosen Auftritten berichtet wurde.

Als fürsorgliche Mutter war mein Herz hin und hergerissen. Ich gönnte ihr die Erfolge, ich war stolz auf sie, bewunderte ihr Können, aber ... mein Herz schmerzte, wenn ich zu intensiv an sie denken musste. Und ich dachte täglich an sie.

Kóstas, Luzies große Liebe, wie sie stets betonte, war mir nicht geheuer. Bauchgefühl, ich konnte es nicht erklären. Habe viel mit Bertram darüber geredet, aber auch er war innerlich zerrissen. Ich spürte es, wenn er den Namen Luzie aussprach. Es schwang so viel Liebe mit und so viel Besorgnis.

Es war ein Mittwochnachmittag.

Ich hatte überstundenfrei und saß entspannt in meinem Sessel. Neben mir ein Pott Kaffee und in meinen Händen die Berliner Zeitung. Da klingelte das Telefon.

»Hallo Mam, ich bin es, Lu.« Ihre Stimme klang weinerlich.

»Luzie!«, rief ich erschrocken. »Was ist passiert? Hattest du einen Unfall?«

»Nein, alles gut.«

Ich hörte ein unterdrücktes Schluchzen.

»Luzie. Sag schon, was los ist.«

»Ach, Mam. Es ist so schwierig.«

»Was ist schwierig? Sprich!«

»Du und Papa, ihr seid schon so lange zusammen. Hat er dich jemals ...?« Sie verstummte.

»Was willst du wissen?« Ich war so erregt, dass mir die passenden Worte fehlten.

»Hat dich Papa mal geschlagen?«

»Was?«, rief ich in den Hörer. »Geschlagen? Wie kommst du denn darauf?«

»Wenn ihr mal unterschiedlicher Meinung wart, meine ich. Hat er dich dann mal ...?«

»Nein! Nie!«

Hatte etwa dieser Kóstas meine Tochter geschlagen?, fragte ich mich.

»Hat dich dein Freund geschlagen?«, meinte ich erregt. Ich rann nach Fassung.

»Ja«, kam die leise Antwort. »Ja, aber er hat sich hinterher tausendmal entschuldigt. Hat mir einen riesigen Strauß Blumen geschenkt und mich zum Essen eingeladen. Immer wieder hat er beteuert, dass das ein Ausrutscher gewesen sei. Mam ...?«

Ich versuchte ruhig zu atmen, meine Stimme unter Kontrolle zu bekommen. Mir fielen Sätze ein wie:

»Wer einmal schlägt, wird's wieder tun« oder »Die Hand, die dich einmal schlägt, kann dich nie wieder streicheln.« Die Weisheit der Kalendersprüche, die in meinen Augen oft ins Schwarze trafen.

»Ja?«

»Glaubst du, dass er mich trotzdem liebt?«

Was sollte ich darauf antworten? Ich wollte Luzie nicht noch mehr beunruhigen, wollte ihr Kraft geben. Stärke.

»Liebe geht oft seltsame Wege. Aber Liebe hat nie etwas mit Gewalt zu tun. Liebe ist die friedlichste Macht der Welt. Es sollte die ehrlichste sein. Denke bitte genau über alles nach, Luzie. Du weißt, du kannst jederzeit nach Hause kommen.«

Mir war klar, dass meine Worte schleimig und allgemein waren, aber was sollte ich sagen? Trenn dich von dem Typen? Lass ihn laufen? Geh deinen eigenen Weg? Ja, das hätte ich sagen sollen. Konnte es aber nicht.

»Bis bald«, hauchte Luzie in den Hörer und beendete das Gespräch.

Ich saß auf dem Sessel und starrte an die Zimmerdecke. Konnte noch nicht einmal in die Küche gehen und das Abendessen vorbereiten. Allein der Gedanke daran, eine Person schlägt meine Tochter oder eines meiner Kinder, ließ mich zu einer Eissäule erstarren. Gewalt in jeglicher Form, gegen jegliche Person ist Unrecht. Ist einfach nur abscheulich. Ich hatte Zeit und Raum vergessen, war vollkommen in mich versunken, als ich das Drehen des Haustürschlüssels hörte. Bertram! Endlich. Er war noch nicht durch die Tür, da rannte ich auf ihn zu und hämmerte auf ihn ein.

»Luzie hat angerufen. Dieser Mistkerl schlägt sie. Hörst, du, Bertram? Luzie wird geschlagen.« Die ganze Zeit nach dem Telefonat hatte ich mich zusammengerissen, bin ruhig und klar geblieben, doch jetzt konnte ich mich nicht mehr halten. Ich heulte wie ein Schlosshund. So als wäre ich geschlagen worden. Es tat so weh. Die Tränen rannen über die Wangen, tropften auf Bertrams Hemd. Er war da und hielt mich fest. Wir hielten uns gemeinsam fest. Stützten uns gegenseitig. Gaben uns Kraft. Das war in meinen Augen Liebe.

Bertram war ein total ausgeglichener Mensch. Geduldig, liebevoll, hilfsbereit. Nie hätte er einer Fliege etwas zuleide tun können, geschweige mich schlagen. Nie! Und so haben wir auch versucht, unsere Kinder zu erziehen. Liebevoll, begleitet von einem pädagogischen Konzept, dass die Sensibilität und Entwicklung des Kindes an erste Stelle stellt. Regeln ja, Grenzen setzten wir auch, aber immer erklärend und mit einer schützenden Hand. Der Pädagoge Friedrich Fröbel hatte großen Einfluss auf die Erziehung unserer Kinder. Stets haben wir versucht, die Entfaltung ihrer Persönlichkeit zu unterstützen, so gut es ging. Klar, dass der Stress des Alltags vieles durcheinander brachte, wir oft in schwierigen Situationen aus dem Bauchgefühl gehandelt haben, vielleicht nicht immer richtig, aber immer mit Liebe. Vor allem in der Pubertät, unserer Kinder, haben wir bestimmt viele Fehler gemacht. Trotzdem haben wir versucht, Probleme jeglicher Art in einem klärenden Gespräch zu lösen. Und niemals mit Gewalt. Das stimmte nicht ganz, einmal war mir bei Luzie die Hand ausgerutscht, was ich mir bis heute nicht verzeihen konnte.

Und jetzt das: Luzie, unsere Tochter in der Hand eines brutalen Mannes.

Mir wurde bei dem Gedenken schlecht.

»Weißt du, was mich am meisten aufregt?« Bertram schaute mir in die Augen.

Ich schüttelte den Kopf.

»Das wir Luzie nicht helfen können. Wir können sie nur mit Worten stärken und hoffen, dass sie den Sprung schafft und sich von diesem Mann trennt.«

»Ja, wir müssen sie mental stärken. Ihr immer wieder beteuern, dass ein Mann, der einmal schlägt, dies bestimmt auch wieder tun wird. Ich habe sowieso nicht verstanden, was sie an diesem Kóstas liebt. Mein Bauchgefühl sträubte sich gegen diesen Mann, dabei habe ich ihn nie persönlich kennengelernt. Aber das steht auf einem anderen Blatt. Jetzt geht es um Luzie. Nur um sie. Was meinst du, sollten wir einfach mal nach Griechenland fliegen und sie besuchen? Sie vielleicht sofort mitnehmen?«

Bertram schaute mich deprimiert an. »Luzie ist eine erwachsene Frau. Ich glaube nicht, dass wir sie so einfach zurückholen können. Vergiss nicht, sie hat einen Dickkopf. Sie hat sich noch nie einfach etwas vorschreiben lassen. Wie sagte sie stets, wenn wir versuchten, ihr einen Ratschlag zu geben? … Ich muss meine eigenen Erfahrungen machen. Lasst mich in Ruhe ... Erinnerst du dich? Erinnerst du dich auch, wie oft ihr beiden euch gestritten habt? Wie oft du versucht hast, sie vom Gegenteil zu überzeugen? Vergeblich! Und wenn wir uns jetzt aktiv in ihre Beziehung einmischen, wird sie auf bockig machen. Ich kenne sie. Wir müssen sie, wie du vorhin sagtest, mental stärken. Sie dadurch zur Vernunft bringen.«

Ich atmete tief durch und hoffte, dass alles gut gehen würde.

Drei Tage hörten wir nichts von Luzie. Ich hatte mehrmals versucht sie zu erreichen, aber sie ging nicht ans Telefon. Die Sorgen fraßen mich auf. Die Angst knabberte an meinem Gemütszustand. Den Alltag absolvierte ich in einer Art Trancezustand. Wie eine Maschine. Alles ging automatisch. Ich schälte Kartoffeln, kochte Kaffee, backte einen Sandkuchen, putzte das Bad. Meine Gedanken waren die ganze Zeit bei Luzie. Hatte Kóstas erneut zugeschlagen? Was war das überhaupt für eine Beziehung? Luzie redete so wenig, genauer gesagt gar nicht darüber.

Bertram und ich saßen vor dem Fernseher. Ich stocherte appetitlos in meinem Nudelsalat und Bertram biss beherzt in die Bockwurst.

»Du kannst meine Wurst gerne essen, ich habe keinen Hunger«, sagte ich und schaute auf den Bildschirm auf dem Susanne Daubner, Moderatorin der Tagesschau, über tagesaktuelle Geschehnisse informierte: In Frankreich gab es eine hohe Wahlbeteiligung zur Präsidentschaftswahl, die Nicolas Sarkozy knapp vor Ségolène Royal, die Kandidatin der Sozialistischen Partei gewann. Der Klimawandel richtete in weiten Teilen Europas großen Schaden an. Und in London wurde das neue Wembley Stadion eröffnet. Ich kaute auf ein paar Nudeln, als das Telefon schrillte und mich aus meinen Gedanken riss.

»Luzie?« Ich schaute Bertram fragend an, der aufgesprungen war und den Hörer bereits an sein Ohr hielt.

»Luzie, schön von dir zu hören. Wie geht es dir?«, fragte er.

Ich konnte Luzie selbst nicht verstehen, sie sprach zu leise. Sah nur, wie Bertram kurz nickte und mir den Hörer reichte. »Sie will dich sprechen«, flüsterte er mir zu.

»Luzie, meine Kleine. Wie ...?« Weiter kam ich nicht. Luzie schluchzte kurz auf, dann war es still, bevor sie sagte: »Ich halte es nicht mehr aus, Mam. Er ist so fies zu mir. Wird so schnell sauer, wenn ich nicht direkt das mache, was er will.«

»Hat er dich wieder geschlagen?« Meine Stimme war beunruhigt. Es dauerte etwas, bis Luzie antwortete.

»Geschlagen nicht, aber ... gestern Abend ... nur weil ich nicht mit ihm in der Bar etwas trinken wollte ... da hat er mich ...« Ihre Stimme klang so verzweifelt, dass es mir richtig wehtat.

»Da hat er mich gestoßen ...« Luzie fing bitterlich an zu weinen. »Ich knallte mit dem Rücken gegen die Kante des Türrahmens. Mama! Was soll ich tun?«

Wie lange hatte sie mich nicht mehr Mama genannt? Immer nur Mam. Ich unterdrückte meine aufsteigenden Tränen. Mein Herz schmerzte.

Ich schluckte und sprach leise, wollte Zeit gewinnen, ehe ich etwas Falsches antwortete.

»Du solltest dich von ihm trennen. Je eher, desto besser. Das ist das Beste für dich.«

»Nein!« Luzie brüllte auf einmal wie eine Furie.

»Nein! Kóstas hat mir super Verträge besorgt. Ich darf auf großen Bühnen singen. Ich trete demnächst in Prechtal auf. Das liegt in der Nähe von Freiburg. Ist ein Stadtteil von Elzach. Eine riesige Chance. Ich singe bei der Veranstaltung Musik ist Trumpf. Ein Event, welches für meinen weiteren Weg enorm wichtig ist. Alle hochrangigen Musikbosse kommen dahin. Wirklich alle.«

»Luzie!«, flehte ich sie an. »Karriere machen kannst du auch ohne diesen Kóstas. Bestimmt. Deine Stimme ist großartig und es gibt viele andere Veranstalter, die dich unterstützen würden.«

»Kóstas ist kein Veranstalter. Er managt mich.« Da war sie wieder, die Bockigkeit, die ich von Luzie kannte. Ich hörte sie sofort aus ihrer Stimme heraus. Ganz wie früher. Ratschläge von mir wurden stets überhört oder einfach ignoriert. Oft schrie sie mich an, ich solle sie mit meinen veralteten Ansichten endlich in Ruhe lassen. Sie wüsste schon alleine, was richtig und falsch ist, und brauchte keinen Anstandswauwau.

»Der Mann hat keinen guten Einfluss auf dich«, versuchte ich es erneut. »Er will, dass du von ihm abhängig bist. Merkst du das nicht? Es gibt so viele andere Männer.« Oje, dachte ich in diesem Moment. Den letzten Satz hätte ich besser nicht gesagt. Ein Standardsatz aller Mütter. Ich hasste ihn. Ich selbst hatte ihn zigmal von meiner Mutter zu hören bekommen und mir damals, als junges Mädchen geschworen, dass ich ihn nie meinen eigenen Kindern sagen würde. Und jetzt war es doch geschehen. Ich biss mir auf die Unterlippe, bis es wehtat.

»Ich melde mich die Tage.« Damit beendete Luzie das Gespräch. Kraftlos ließ ich mich auf einen Sessel plumpsen. Nie hätte ich geglaubt, dass meine Luzie sich so von einem Mann unterdrücken lassen würde. Nie!

Ich habe immer versucht, meine Kinder zu selbstbewussten, starken Menschen zu erziehen. Vor allem wollte ich aus unseren Töchtern emanzipierte, selbstbewusste, starke Frauen machen.

Vorbilder waren für mich besonders Clara Zetkin und Elisabeth Selbert. Beide kämpften unablässig für die Emanzipation der Frau und ihre Gleichberechtigung. Tolle Frauen fand ich. Es gab noch mehr Frauen, die ich bewunderte und denen ich ein bisschen nachzueifern versuchte. Ich war nicht extrem, aber machte all das, was ich für richtig hielt, und hatte einen starken Mann an meiner Seite. Bertram. Er ließ mich machen und unterstützte mich, so gut es ging. So konnte ich es schaffen ein Studium in Medizin und in Psychologie zu beenden, meine berufliche Laufbahn zu verfolgen und vier Kinder aufzuziehen.

Und jetzt das!

Bertram, der vorher dicht neben mir stand und jedes Wort mitgehört hatte, kauerte jetzt auf der Couch, den Kopf auf beide Hände gestützt. Er litt wie ein Tier, das spürte ich. Genau wie ich selber. Wir sprachen kein Wort. Jeder hing seinen Gedanken nach. Still und leidend.

»Wer weiß, wozu es gut ist«, murmelte ich.

»Es ist für nichts gut!« Bertram war aus seiner Starre erwacht und schaute mich wütend an. »So etwas ist für nichts gut. Verdammt noch einmal. Ich sitze hier und zermartere mir den Kopf, wie wir Luzie helfen können, und du kommst mit Kalendersprüchen daher. Wir müssen was tun. Jetzt. Bevor es zu spät ist. Ich gehe morgen früh direkt ins Reisebüro und erkundige mich, wann der nächste Flieger nach Athen geht. Wir lassen unsere Tochter nicht in den Händen eines brutalen Mannes.« Er war mittlerweile aufgesprungen und schritt durchs Zimmer. Hin und her, hin und her.

Mir liefen die Tränen die Wangen hinunter. Es war so furchtbar nicht helfen zu können.

»Ich rufe Luzie noch mal an. Ich muss sie sprechen.« Bertram schnappte sich das Telefon. Ich hörte, wie er auf sie einredete, dann kam ein »Ach so«, und resigniert meinte er: »Wenn du meinst ...« Er legte den Hörer zur Seite.

»Was sagte sie?«

»Luzie meint, sie hat in den nächsten Tagen unverzichtbare Termine. Dazu zählt auch das Musikevent in Prechtal. Der Auftritt bei Musik ist Trumpf sei für ihre weitere Karriere total wichtig und Anfang Mai wäre ein großes Konzert in Athen. Dort würden alle wichtigen Leute der Musikbranche sein und Verträge mit den Musikern abgeschlossen. Da müsse sie unbedingt dabei sein. Sie meldet sich morgen Abend, da habe sie keinen Auftritt.«

In jener Nacht habe ich kein einziges Auge zu machen können. Immer wieder hörte ich Luzies zauberhafte Stimme, wie sie den Song »Woman in Love« sang. So gefühlsbetont, so schön. Sah ihre leicht zerzausten dunklen Haare im Licht der Scheinwerfer, ihr offenes Lachen, ihren schmalen Körper, der sich im Takt der Klänge bewegte.

Der nächste Tag zog sich wie Kaugummi, obwohl ich einiges zu erledigen hatte und zwischendurch auch noch zum Zahnarzt musste, weil mir mal wieder die Füllung aus dem rechten, oberen Backenzahn gefallen war. Ständig schaute ich auf die Uhr. Wann würde Luzie anrufen?

Kurz nachdem die Eingangsmelodie von »Notruf Hafenkante« auf dem Bildschirm erklang, klingelte es an unserer Haustür. Bertram und ich zuckten gleichzeitig kurz zusammen. Hastig lief ich zur Tür, denn ich wollte Luzies Anruf auf keinen Fall verpassen. Unsere Nachbarin stand vor mir mit einem Päckchen in der Hand.

»Guten Abend, ich möchte nicht lange stören, aber das Päckchen habe ich heute für Thomas angenommen. Wie geht es euch? Wir sollten mal wieder zusammen ein Bier trinken, oder? Mein Theo hat unsere Terrasse bepflanzt und die muss unbedingt eingeweiht werden.«

Ich mochte Berta gut leiden, aber ich wusste auch, dass sie gerne und viel plauderte und ich überhaupt keine Lust auf ein Gespräch hatte. Jedenfalls heute Abend nicht.

»Danke.« Ich nahm ihr das Päckchen aus der Hand und flunkerte. »Bertram hat fürchterliche Migräne. Ich melde mich bei dir. Und grüß Theo lieb von uns. Wir freuen uns auf ein Bierchen bei euch.« Dann schloss ich die Tür und eilte zu Bertram, der vor dem Telefonapparat saß wie die Schlange vor dem Kaninchen. Luzie rief an diesem Abend nicht an. Ich machte mir große Sorgen, schlief kaum in der Nacht, lauschte ständig, ob das Telefon klingelte.

Am nächsten Morgen saßen wir schweigend am Frühstücktisch. Jeder hing seinen Gedanken nach.

»Ich muss jetzt los.« Bertram schnappte sich einen Apfel aus der Schale und verließ das Haus. Ich hatte noch gut zwei Stunden Zeit, ehe ich in die Praxis fahren musste, und räumte den Tisch ab, als der Klingelton des Telefons mich erschreckte.

Luzie, hoffte ich und griff hastig den Hörer.

»Hallo, Mam.« Ihre Worte waren leise. Vielleicht lag es an der schlechten Verbindung, dachte ich.

»Luzie, meine Kleine«, sagte ich. »Ich bin so froh, dass du dich meldest. Wie geht es dir?«

Stille.

Ich hörte ihren Atem. Mehr nicht.

»Sag was. Bitte!«, flehte ich sie an.

»Ich werde mich von Kóstas trennen. Endgültig. Ich habe genug. Morgen ist das Musikevent in Prechtal und in drei Tagen das Konzert in Athen. Danach komme ich zurück nach Deutschland«, sprudelte es aus ihr heraus. »Das Konzert in Athen ist besonders wichtig für mich. Bekannte Musikproduzenten sind da und schließen mit uns Verträge ab. Ich werde drei Songs singen und hoffe, dass alles klappt. Mam?« Luzie stockte einen Augenblick.

»Kann ich vorübergehend bei euch wohnen, bis ich etwas Neues gefunden habe?«

Mir kamen die Tränen. Ich hätte in diesem Moment die Welt umarmen können. Luzie trennte sich von Kóstas. Endlich!

»Klar kannst du hier wohnen. Dein Zimmer ist immer für dich frei.« Ich bemühte mich, meine Stimme unter Kontrolle zu haben. Luzie sollte nicht merken, dass ich mit meinen Gefühlen kämpfte. Ich musste stark sein. Stark für Luzie.

»Gestern hat er mich erneut gestoßen. Abends, beim Essen, als ich ihm nicht schnell genug sein Glas mit Oúzo aufgefüllt habe. Gegen die Wand gestoßen. Vor seinen Freunden. Und die haben nur gegrölt vor Lachen. Ich solle mich nicht so anstellen, hat einer von ihnen gebrüllt. Mam, ich will das nicht. Hat Papa dich jemals so fies behandelt?«

»Nein! Nie!«, antwortete ich.

Bertram würde niemals brutal sein. Konnte er gar nicht. Dafür war er viel zu gutmütig und feinfühlig. Und eine Frau so zu behandeln wäre für ihn das Letzte, das wusste ich.

»Hoffentlich grätscht Kóstas nicht dazwischen und verhindert die Abschlüsse. Ich habe ihm schon gesagt, dass ich nach Deutschland zurück will. Seitdem redet er kaum noch mit mir. Meinst du wirklich, dass ich das Richtige tue?«

»Ja, mein Kind. Das ist genau richtig. Du bist eine starke Frau. Das schaffst du und ich weiß ganz genau, dass du auf der Bühne eine erfolgreiche Sängerin sein wirst. Du hast eine wundervolle Stimme, eine tolle Ausstrahlung, du bist ehrgeizig und du hast Charisma. Alles zusammen sind die besten Voraussetzungen für Erfolg. Dafür brauchst du Kóstas nicht. Wir sind immer für dich da! Immer!«

»Danke!«

Hätte ich in diesem Moment gewusst, dass es das letzte Wort sein würde, was ich von Luzie gehört habe, wäre ich verrückt geworden. Ich wäre vom Fernsehturm gesprungen oder hätte mich vor die nächste U-Bahn geschmissen. Ich wäre in den Zoo gelaufen und hätte mich ins Tiger-Gehege geworfen oder einfach aufgehört zu atmen.

Alles hätte ich gemacht. Alles!

Der Tag

Es war der 25. Juni 2007.

Draußen brannte die Sonne, der Schweiß lief mir den Rücken hinunter und mein Shirt war teilweise durchnässt. Ich schleppte mich vom Bad in die Küche.

»Boah, wir haben jetzt bereits über achtundzwanzig Grad. Und es ist gerade mal elf Uhr.« Ich strich mir die verschwitzten Haarsträhnen aus dem Gesicht, fächelte mir mit den Händen frische Luft zu und setzte mich neben Bertram, der ein Glas mit kalter Zitronenlimonade vor sich stehen hatte.

»Möchtest du auch etwas trinken?«

Ehe ich antworten konnte, hatte er bereits ein neues Glas geholt und das angenehme Kaltgetränk neben mich gestellt.

»Das tut gut. Trink, Liebes. Ich bin froh, dass ich heute meinen freien Tag habe. Am Nachmittag werde ich mich an einen schattigen Platz in den Garten setzen. Wahrscheinlich unter den alten Nussbaum. Dort genehmige ich mir dann ein Fläschchen Berliner Weiße und warte auf dich. Du musst gleich arbeiten, oder?«

Ich nickte. Allerdings würde es ein ruhiger Nachmittag werden, denn aus Erfahrung wusste ich, dass die meisten Patienten bei diesen hohen Temperaturen ihre Wohnung nicht verließen. Nur im Notfall.

Ich leerte das Glas, zog mir rasch ein anderes T-Shirt über, schlüpfte in die Sandalen und wollte gerade meine Tasche greifen, da schellte es an der Haustür.

»Machst du auf, Bertram? Ich suche meinen Autoschlüssel.«

»Wie immer!«, kam es lachend aus Bertrams Mund und ich hörte das Öffnen der Tür. Dann fremde Stimmen. Schritte. Die Tür wurde geschlossen. Ich ging in den Flur, wollte wissen, wer uns besuchte.

»Sie sind Frau Ruth Lange?«

Ich nickte. Warf Bertram einen fragenden Blick zu.

»Und wer sind Sie?«

»Kriminalhauptkommissar Peter Stade. Werner Richter, mein Kollege.« Er zeigte auf ihn.

Beide Herren, die zivil gekleidet waren, zückten Ausweise aus ihren Taschen.

Ich warf nur einen flüchtigen Blick darauf.

»Was ist passiert?«

Wir waren mittlerweile im Esszimmer und Bertram bat den Herren Stühle an.

»Was ist denn jetzt?«, fragte ich ungeduldig, schaute von einem zum anderen. Rumgedruckste konnte ich auf den Tod nicht ausstehen. Als unsere Kinder noch kleiner waren und irgendeinen Blödsinn angestellt hatten, sagte ich immer zu ihnen: »Raus mit der Sprache. Hinterher geht es dir besser!« Und so war es dann auch.

»Setzen Sie sich bitte auch, Frau Lange.«

Ich hatte keine Lust mich zu setzen, schließlich musste ich gleich arbeiten. »Raus mit der Sprache. Ist Thomas wieder zu schnell gefahren?«

»Es geht nicht um Thomas«, sprach Kommissar Stade leise. »Es geht um Ihre Tochter.«

»Martina ist noch nie zu schnell gefahren. Was ist denn nun passiert?«

»Es geht um ihre Tochter Luzie.«

»Die lebt in Griechenland«, sagte ich. »Die kann unmöglich geblitzt worden sein.« Ich sah Bertrams Blick, den ich nicht deuten konnte, sah in die Augen von Kommissar Stade, die mich mitfühlend ansahen, und biss mir auf die Zunge. Was war los?

»Ihre Tochter ist gestern Abend leblos in ihrer Wohnung gefunden worden.«

»Was!« Ich sprang vom Stuhl hoch. »Verlassen Sie sofort das Haus. So einen Blödsinn muss ich mir nicht anhören. Arbeiten Sie tatsächlich bei der Polizei oder kommen Sie vom Staatstheater?« Ich kreischte, schrie und fletschte mit den Zähnen. Wie kann man solch eine Behauptung aufstellen?, fragte ich mich. Eine bodenlose Frechheit.

»Raus!«, schrie ich erneut.

Kommissar Stade blieb ganz ruhig sitzen. »Frau Lange, bitte setzen Sie sich«, sprach er mit betont leiser Stimme. »Es tut uns furchtbar leid, aber wir müssen Sie über das Geschehen informieren. Die griechischen Kollegen haben sich mit uns in Verbindung gesetzt und untersuchen die genauen Umstände.«

»Was für Umstände? Was ist mit Luzie?«

Bertram sagte gar nichts. Er saß am Tisch und starrte die beiden Herren an, als wären sie Aliens. Dann rieb er sich das Kinn, schaute mit zusammengekniffenen Augen zu den Kommissaren.

»Luzie ist tot?«, fragte er mit rauer Stimme.

Kommissar Stade senkte seinen Blick. »Ja! Es tut mir unglaublich leid, Ihnen das sagen zu müssen. Mein aufrichtiges Beileid. Wenn Sie Fragen haben ...« Weiter kam er nicht, denn ich stieß einen gellenden Schrei aus, der alle im Raum zusammenzucken ließ. Dann wurde es still. Keiner wagte etwas zu sagen. Die heiße Luft im Zimmer vibrierte. Meine Hände zitterten. Mein Mund war so trocken, als wäre ich stundenlang durch die Sahara gelaufen. Gänsehaut kroch mir über den feuchten Rücken und ich hatte das Gefühl, in meinem Magen wäre ein Eisklumpen. Das Herz raste und gleichzeitig hatte ich das Gefühl, ich wäre in einem falschen Film. Alles nur ein Traum?, fragte ich mich.

Ich stand auf, ging wie in Trance zum Wohnzimmerschrank und holte eine Tafel Schokolade heraus.

Trauben-Nuss. Ich liebte sie. Brach einen Riegel ab und biss hinein.

»Möchten Sie auch Schokolade?«, fragte ich in die Runde.

Keiner antwortete.

Ich brach den zweiten Riegel ab und aß ihn gierig. Dann den dritten.

»Ruth«, Bertram sprach fast flüsternd. »Ruth.« Ich sah ihm in die feuchten Augen, schmiss die Schokolade auf den Boden und fing an zu weinen. Kurz darauf lagen wir uns in den Armen und weinten beide. Zuerst herzzerreißend laut, dann wurde es leiser und als wir nur noch wimmerten, hörte ich die Stimme des Kommissars Stade.

»Wir lassen Sie jetzt erst einmal alleine. Unter dieser Telefonnummer erreichen Sie uns jederzeit. Frau Dr. Grundmann ist eine erfahrene Psychologin. Sie arbeitet schon seit Jahren mit uns zusammen. Sollen wir ihr Bescheid geben, damit sie sich bei Ihnen meldet? Alles Weitere besprechen wir morgen in Ruhe.«

»In Ruhe?«, schrie ich. »Luzie ist tot! Und wir besprechen etwas in Ruhe? Ihre Frau Doktor brauchen wir nicht. Ich bin selber ausgebildete Psychologin.« Erschöpft sackte ich in Bertrams Arme, hörte, wie die Tür von außen ins Schloss fiel und dann wurde mir schwarz vor Augen.

Stunden später, es musste bereits weit nach Mitternacht sein, wurde ich durch leise Stimmen wach. Ich öffnete meine Augen einen winzigen Spalt und sah Bertram umringt von unseren Kindern Martina, Günther und Thomas. Sie saßen alle um den Esstisch und redeten im Flüsterton. Wahrscheinlich um mich nicht zu wecken, schoss es mir durch den Kopf. Ich selbst lag auf der Couch und musste wohl einige Stunden geschlafen haben. Ich blinzelte durch das offene Fenster und sah Tausende von leuchtenden Sternen.

Luzie!

Mein Lichtblick.

Die Sterne leuchteten für sie, dachte ich und mir schossen die Tränen in die Augen.

»Mama, du bist ja wach«, flüsterte Martina und kam zu mir. Sie setzte sich neben mich auf die Couch und legte ihren Kopf an meine Schulter. Sie weinte und ich drückte sie. Ganz fest. Strich ihr über den Kopf. Immer und immer wieder.

Die anderen standen nun auch neben uns und jeder hielt jeden fest. Viele Hände, die ineinander lagen, sich drückten. Herzen, die schmerzten und Tränenflüsse, die nicht enden wollten.

Luzie!

Ich wollte ihn nicht, den nächsten Morgen. Aber er kam ungefragt. War da und die Sonne lachte schon in den frühen Morgenstunden. Bertram lag nicht mehr neben mir. Ich quälte mich aus dem Bett, schlurfte in Schlappen und im Nachthemd in die Küche und setzte mich an den Tisch. Wir sprachen kein Wort. Ich konnte nicht sprechen.

War alles vielleicht ein Albtraum?, fragte ich mich. Bertram stellte mir eine Tasse mit duftendem Kaffee auf den Tisch. Er sah elendig aus. Rote Augen, dunkle Ringe, fahle Haut. Wie ich aussah, wollte ich gar nicht wissen. Den Blick in den Spiegel hatte ich vermieden. Schob mir die strubbeligen Haare aus dem Gesicht. Dann faltete ich die Hände. An Gott und einer ähnlich großen Macht im Universum glaubte ich nicht, aber aus dieser ruhigen Haltung hatte ich schon öfters Kraft geschöpft. Oder glaubte es auf jeden Fall. Es war eine körperliche Haltung, die mich für ein paar Sekunden ruhen ließ.

»Trink etwas«, bat Bertram mit heiserer Stimme.

»Das wird dir. Ich habe bereits drei Tassen getrunken. Bin schon seit vier Uhr auf. Konnte nicht schlafen. Habe die ganzen Fotoalben durchgestöbert. Foto für Foto. Luzie lebt! Sie wird immer bei uns sein. Egal was passiert ist. Es gibt keinen Tag ohne sie.«

Ich konnte nichts sagen. Spürte unsere Tochter förmlich neben mir. Ihren Körper, ihren Geruch, ihre Nähe.

»Kein Tag ohne Luzie! Sie wird immer bei uns sein«, wiederholte ich seine Worte.

Hatte die Ellbogen auf dem Tisch, den Kopf in meinen Händen. Ich konnte die Tränen nicht zurückhalten. Sie tropften in die Kaffeetasse, die vor mir stand. Aber das war mir egal.

Die Tage danach

Wir funktionierten. Wie Maschinen. Alles lief in den nächsten Tagen automatisch.

Aufstehen, duschen und frühstücken. Gespräche auf dem Berliner Kommissariat, Telefongespräche mit der griechischen Polizei, den griechischen Behörden, mit Kommissar Zíno Nikoláou und auch mit Luzies Freunden. Wir kümmerten uns um einen sofortigen Flug nach Athen, redeten bis tief in die Nacht mit unseren Kindern, den Freunden und den Nachbarn. Waren einfach nicht mehr wir selbst.

Drei Tage nach der schrecklichen Nachricht reisten wir nach Athen. Endlich! Wir wären gerne früher geflogen, eigentlich sofort, aber die Polizeigespräche, die Formalitäten, all das zögerte eine Abreise hinaus. Und dann saßen wir im Flieger. Ich trug eine Sonnenbrille mit extra großen Gläsern. Ich wollte nicht, dass jemand Mitleid mit mir hatte, denn meine Augen waren rot, geschwollen und ständig liefen Tränen.

Bertram hatte seine grau karierte Schlägerkappe tief ins Gesicht gezogen. In den letzten Tagen hatte er sich gehen lassen. Nicht rasiert, nicht gekämmt, wenig gegessen. Mit seinem Dreitagebart und seiner fahlen Haut sah er zum Fürchten aus. Und schon stand die Flugbegleiterin vor ihm.

»Entschuldigung, geht es Ihnen nicht gut? Darf ich Ihnen etwas zu trinken bringen? Die Toiletten sind vorne rechts.«

Ich war in diesem Moment dankbar, dass sich jemand um Bertrams Gemütszustand kümmerte. Als ich bemerkte, dass mir dabei ein Lächeln über die Lippen huschte, rief ich mich sofort zur Saison. Mein Gewissen regte sich. Du hast gerade dein Kind auf schlimmste Weise verloren. Du darfst nicht lachen! Krampfhaft versuchte ich die aufsteigenden Tränen zu unterdrücken. Nein, lachen durfte ich nicht. Luzie war tot, die Beerdigung stand an und was noch viel schlimmer für mich war, war die Bemerkung, die Kommissar Nikoláou am Telefon gesagt hatte: »Es war ein Suizid. Daran gibt es keine Zweifel.«

»Luzie hat sich nie und nimmer das Leben selbst genommen«, brüllte ich in den Hörer. »Haben Sie das verstanden? Luzie war eine lebensfrohe, junge Frau. Sie schmiedete Pläne für die Zukunft. Wollte zu uns ziehen und sich etwas Neues aufbauen. Sie wollte Karriere im Showbusiness machen. Sie war eine außergewöhnlich gute Sängerin. Verdammt! Es war kein Selbstmord!«

Unsere Luzie hätte sich niemals erhängt.

Warum?

Bei dem Gedanken drehte sich mein Magen. Er rumorte, grummelte, mir wurde übel. Nie im Leben hatte sich unsere Tochter das Leben genommen. Nie! Sie sagte am Telefon, sie wolle zurück nach Deutschland, sich von ihrem Freund trennen, ihre Gesangskarriere intensiv verfolgen.

Selbstmord?

Nein! Nie und nimmer!

Wir hatten einen Nonstop-Flug gebucht und landeten in zwei Stunden und fünfundvierzig Minuten auf dem griechischen Flughafen Athen-Elefthérios Venizélos. Dort wurden wir von Kommissar Zíno Nikoláou empfangen.

»Mein Beileid.« Er machte eine angedeutete Verneigung und reichte uns die Hand. »Wir fahren mit dem Taxi zuerst in Ihr Hotel und dann weiter zur Polizeistation«, sagte er in einwandfreiem Englisch. Seine Stimme hatte ein angenehmes Timbre und seine Zähne blitzten bei jedem Wort, das er sprach, strahlend weiß. Mit seiner sonnengebräunten Haut und den lockigen, schwarzen Haaren sah er fast aus wie ein Schauspieler. Aber Äußerlichkeiten haben mich noch nie beeindruckt. Ich blickte zu Bertram, der sich hinter dem Kommissar die spärlichen Haare aus dem müden Gesicht strich, die Brille gerade rückte, seinen etwas üppigen Bauch unter dem Jeanshemd versteckte und verstohlen zu mir herüberschaute. Da wusste ich ganz genau, wen ich am meisten in diesem Moment brauchte und wen ich von Herzen liebte. Ich griff nach seiner Hand und Bertram umschloss sie zärtlich.

Im Hotel brachten wir unser Gepäck aufs Zimmer und fuhren keine zehn Minuten später mit einem Taxi und dem Kommissar, der in der Eingangshalle auf uns gewartet hatte, ins nahe gelegene Polizeipräsidium. Die Fahrt verlief schweigsam, bis wir an der Akropólis vorbeifuhren.

»Ich zeige ihnen später, wo Ihre Tochter beerdigt ist! Zuerst die Formalitäten«, sagte Kommissar Zíno Nikoláou.

Im ersten Moment dachte ich, ich hätte etwas falsch verstanden. Schließlich war die ganze Kommunikation in Englisch und in den letzten Jahren habe ich die Sprache recht selten gesprochen.

Sprach er davon, dass Luzie bereits beerdigt wäre?

»Was sagten Sie?«, fragte ich hitzig nach.

»Wir mussten Ihre Tochter eilig beerdigen.«

Ich hatte im ersten Moment das Gefühl, ein Felsbrocken wäre auf das Taxi gefallen, im zweiten Moment wusste ich, es waren die Worte, die aus dem Mund des Kommissars kamen. Dann konnte ich mich nicht mehr halten.

»Sofort stoppen. Sofort! Was haben Sie da gesagt? Unsere Tochter ist beerdigt worden? Sind sie denn von allen guten Geistern verlassen? Es ist unsere Tochter! Kein Mensch auf der Welt beerdigt unsere Tochter.« Kalter Schweiß rann über mein Gesicht. Ich schlug dem Kommissar, der vorne im Taxi saß, auf die Schulter. Immer und immer wieder.

»Halten Sie sofort an. Wo ist Luzie? Ich will nicht in das verdammte Kommissariat. Ich will zu meiner Tochter. Ich werde Sie anzeigen. Ja, das werde ich.« Ich spürte Bertrams Hand auf meinem Arm. Er versuchte, mich etwas zu beruhigen.

»Wenn das stimmt, was Sie eben gesagt haben, dann ist das eine Unverschämtheit. Wir werden unsere Rechtsanwälte auf Sie ansetzen, das sage ich Ihnen. Wer hat das denn überhaupt veranlasst? Wer?«, schrie Bertram. »Jetzt fahren Sie uns sofort zu unserer Tochter. Sofort!« Schneidend waren seine Worte. Ließen keine Widerrede zu. Ich hörte, wie der Kommissar etwas auf Griechisch zum Taxifahrer sagte und dieser dann den Wagen in die entgegengesetzte Richtung lenkte.

Mein Herz schlug mir bis zum Hals. Ich hatte keine Ahnung, was hier gerade abging, aber ich wusste eins: Niemals würde Luzie hier in Griechenland ihre letzte Ruhestätte haben. Sie gehörte zu uns nach Berlin!

Der Fahrer hielt auf einem Vorplatz. Mein Atem ging schwer, mein Herz schlug heftig.

Der Kommissar stieg aus, öffnete mir die Autotür. Meine Beine fühlten sich wie Wackelpudding an, ich hakte mich bei Bertram unter. Spürte sein Zittern.

Vor uns eine große schmiedeeiserne Tür. Der Polizist schob sie auf und ging voraus. Langsam folgten wir ihm. Vorbei an Grabstätten, die aus feinsten Marmorplatten bestanden.

Manche ebenerdig, andere höher gebaut. Auf den Gräbern standen viele Bilder von Verstorbenen in Messingrahmen oder die Fotos waren auf den Marmorstein gesetzt. Es schien sich um Familiengrabstätten zu handeln.

In kleinen Kästen, an der unteren Seite, brannten Dochte in einem einfachen Glas, wohl mit Öl gefüllt. Auf dem ein oder anderen Grab lagen bunte Plastikblumen. Ich nahm jedes Detail in mir auf, hoffte unter den Namen nicht Luzies zu entdecken. Alles wäre nur ein Versehen. Wir gingen bis ans Ende des Friedhofes. Dann blieb der Kommissar stehen, zeigte stumm nach unten.

Wie zwei Ertrinkende standen Bertram und ich an der Stelle, an der man Luzie begraben hatte. Wir klammerten uns aneinander, umarmten uns, weinten, flehten und schrien. Alles gleichzeitig. Irgendwann kniete ich mich auf eine zweigeteilte graue Zementplatte, mit zwei dicken Eisenringen. Der Stein drückte sich in meine Knie, schmerzte, aber was war dieser Schmerz gegen den Schmerz, den wir gerade durchleben mussten? Unsere Tochter: tot ... begraben auf einem kleinen Friedhof nahe Athen. Ich schlug meine Hände vors Gesicht und schluchzte dermaßen laut, dass der Kommissar fragte, ob er einen Krankenwagen rufen sollte.

»Nein! Keinen Krankenwagen. Ich will meine Tochter zurück!«, brüllte ich. »Meine Tochter!«

Kraftlos ließ ich mich auf die Grabstätte fallen. Ein kleines Fleckchen Erde, die sengende Hitze, harter Zement, kein Name, kein Kreuz, keine Blumen. Und hier sollte Luzie liegen?

Nach einer Weile stand ich auf, umschlang jeweils einen Eisenring und zog fest daran.

»Hier bleibt unserer Tochter nicht liegen. Ich hol sie da raus!«, schrie ich.

Bertram schob mich vom Grab weg. Der Kommissar half ihm dabei, sprach eindringlich auf mich ein. Ich hatte das Gefühl wahnsinnig zu werden. Riss mich von Bertram los und kniete mich wieder nieder. Strich mit meinen Händen über die Grabstelle. Zärtlich. Als würde ich Luzies Haare berühren. Ich sah ihr Antlitz vor meinen Augen. Die dunklen Augen, die fein geschnittene Nase, den Leberfleck am Kinn. Tränen liefen über meine Wangen, tropften auf den Zement.

Nach einer gefühlten Ewigkeit drang die Stimme des Kommissars an meine Ohren.

»Ich habe noch Termine. Können wir jetzt ins Polizeipräsidium fahren und alle weiteren Schritte besprechen?«

Was für Schritte?, fragte ich mich. »Was wollen Sie denn noch besprechen? Erst wird veranlasst, dass meine Tochter hier wegkommt. Wir nehmen Sie mit!«, meinte ich mit tränenerstickter Stimme.

»Die nötigen Formalitäten klären, meine ich.« Verlegen hüstelte er.

Bertram half mir beim Aufstehen und führte mich wortlos zum Taxi, in dem der Fahrer hinter dem Steuer wartete und gelangweilt in einer Zeitung blätterte.

Kaum saßen wir und der Wagen rollte durch die Straßen, fing Bertram zu brüllen an.

»Warum hat man unsere Tochter so übereilt beigesetzt? So schnell. Ohne mit uns Kontakt aufzunehmen. So etwas gibt es in keinem Land der Welt. Wir sind die Eltern. Das ist unsere Tochter!« Jetzt war ich diejenige, die ihm beruhigend die Hand auf den Arm legte. Es geschah automatisch, denn seine erboste Stimme riss mich brutal aus meinen Gedanken, die bei Luzie weilten.

»Sagen Sie uns endlich, wie unsere Tochter gestorben ist!«, schrie Bertram verzweifelt. »Bis jetzt wissen wir nur, dass man sie in der Athener Wohnung ihres Ex-Freundes gefunden hat.«

»Wir sprechen im Präsidium«, war die knappe Antwort von Kommissar Nikoláou. Irgendetwas stimmte nicht. Es war ein Bauchgefühl, welches mich überkam. Ich wusste nicht, was es bedeutete oder was nicht stimmen sollte. Aber alle Informationen waren wage, sowohl von den deutschen Kommissaren als auch von den griechischen, den Behörden beider Länder oder der deutschen Botschaft in Griechenland. Ungenaue Mitteilungen. Keiner sprach Tacheles. Wusste keiner, wie Luzie gestorben war? Wollte es uns keiner sagen? Ich kam mir vor wie in einem Horrorfilm, in dem etwas Furchtbares passierte und alles doch nur bizarr und unwirklich war. Die Fahrt verlief schweigend. Ich kämpfte mit den Tränen, mit meinen Gedanken, mit dem Grauen, welches geschehen war. Bertram hatte seine Hände gefaltet. Schwieg. *Ob er betete? Zu wem?*, fragte ich mich. Eigentlich beteuerte er immer, er sei Atheist.

Der Taxifahrer stoppte vor dem gewaltigen Gebäude des Präsidiums.

»Wir sind da«, sagte Kommissar Zíno Nikoláou, öffnete schwungvoll die Wagentür und stieg aus.

»Bitte folgen Sie mir in mein Büro.«

Wir kamen seiner Bitte nach. Wir folgten wie die Menschen in einer Prozession, die meistens singend, schweigend oder betend hinter dem Geistlichen hergingen. Wir gingen stumm hinter dem Kommissar her, der uns zielsicher in den dritten Stock und damit in sein Büro führte. Uns dann höflich bat, Platz zu nehmen und eine Karaffe mit Wasser und zwei Gläsern auf den Tisch stellte.

»Wie ist Luzie wirklich gestorben? Nie im Leben hat sie sich das Leben selbst genommen, wie Sie uns weismachen wollen.

War es ein Unfall? Dann reden Sie nicht von Selbstmord! Der Kommissar in Deutschland sprach lediglich von einem Todesfall. Sagen Sie uns schon, was passiert ist!«, forderte ich ihn auf.

»Sie sagten, Sie hätte sich erhängt. Wie zum Teufel? Womit? Und wo? Und, verdammt noch einmal, warum hat man sie so übereilt beigesetzt?«

Bertram starrte den Kommissar an, als wollte er ihn hypnotisieren. Kommissar Nikoláou fasste sich an die Nase, schaute unsicher abwechselnd zu Bertram und dann zu mir.

»Es tut mir alles furchtbar leid. Glauben Sie mir. Aber die Umstände lassen keinen anderen Schluss zu, als dass Ihre Tochter sich selbst das Leben genommen hat. Sie wurde in der Athener Wohnung von Kóstas Dímou gefunden. Das war ihr Freund, so wie ich weiß. Er rief die Polizei.«

»Dieser Kóstas hat unsere Tochter geschlagen«, rief ich aufgebracht. »Geschlagen. Immer und immer wieder. Luzie hat mich in den letzten Wochen oft angerufen. Sie trennte sich von ihm, nachdem er wieder einen Wutausbruch hatte und auf sie einprügelte. Sie wollte nach Berlin. Sie hatte Angst. Panische Angst. Sie sagte, dass diese Prügelattacken immer schlimmer würden. In immer kürzeren Abständen.« Ich konnte nicht mehr und schlug meine Hände verzweifelt vors Gesicht. Die Tränen rannen durch die Finger, ich zitterte am ganzen Körper und zuckte immer wieder.

»Meine Frau kann nicht mehr. Bitte lassen Sie uns morgen weiterreden«, bat Bertram höfflich den Kommissar.

»Mein Kollege fährt Sie ins Hotel zurück, das liegt nur ein paar Straßen weiter.«

Ich biss mir auf die Unterlippe, als wir ins Auto stiegen, das uns zum Hotel bringen sollte. Herrje, warum war die Welt so ungerecht?, fragte ich mich. Ich ließ mich willenlos von Bertram aufs Hotelzimmer führen und legte mich aufs Bett. Ich starrte zur weißen Zimmerdecke, die durch das Sonnenlicht angestrahlt, wie eine wunderschöne Schneelandschaft aussah. Ich sah Luzie auf der Bühne stehen. Das Mikrofon in der Hand und das Lied »Woman in Love« singen. Ich machte meine Augen zu und träumte von einer heilen Welt.

Irgendwann in der Nacht wurde ich wach, fühlte Bertram neben mir, hörte seine gleichmäßigen Schnarchtöne und fasste eine Handvoll Entschlüsse. Morgen wollte ich mir die Wohnung ansehen, in der Luzie gefunden wurde. Ich wollte die Unterlagen haben, die die Polizeibeamten vor Ort gemacht hatten, schließlich waren wir die nächsten Angehörigen. Ich wollte Kóstas sprechen, den Mann, der unsere Tochter unglücklich gemacht hatte. Ich wollte alle Hebel daransetzen, dass Luzies letzte Ruhestätte in Berlin sein würde. Ich wollte ...

»Guten Morgen, Ruth. Ich habe uns das Frühstück aufs Zimmer kommen lassen. Du hast viele Stunden geschlafen und musst unbedingt etwas essen.« Ich rieb mir die Augen und sah, dass Bertram mich liebevoll anlächelte. Dabei musste ich aussehen wie aus der Tonne gezogen. Sicher geschwollene Augen, Haare auf Sturm, trockene Lippen.

Ich wollte ihn auch freundlich anlächeln, doch es ging nicht. Der Schmerz über Luzies Tod war zu heftig. Ich strich sanft über seine Hand und Bertram schien mich zu verstehen.

Zwei Stunden später saßen wir im Eingangsbereich des Polizeipräsidiums und warteten auf Kommissar Zíno Nikoláou. Wir waren nicht angemeldet. Sahen überhaupt nicht ein, uns in so einem Fall an alle regelkonformen Vorschriften zu halten. Es ging um unsere Tochter und kein Mensch auf der ganzen Welt würde uns aufhalten können.

Nach über einer Stunde betrat der Kommissar endlich das Polizeipräsidium. Kaum hatten wir ihn erblickt, stürmten wir auf ihn zu und bombardierten ihn mit Fragen.

»Geht es Ihnen besser?«, fragte er und schaute mich an, ohne auf unsere Fragen einzugehen. Mir ging es gut, soweit man es in dieser Situation sagen konnte. Mein Adrenalinspiegel war am Anschlag und ich voller Energie, die mit Wut, Trauer und Entsetzen über das Geschehene geladen war. Eine fürchterliche Kombination. Eine tickende Bombe, wie ich selbst fand. Denn mir war alles egal. Was ich sagte und was ich tat. Was konnte mir schon passieren? Ich wollte lediglich die genauen Umstände des Todes geklärt haben und Frieden finden.

Aber das sagte ich ihm nicht. »Es geht.«

Kommissar Zíno Nikoláou saß uns in seinem Büro gegenüber. Vor ihm ein Stapel mit Blättern.

»Dies sind alles Berichte zu den Todesumständen Ihrer Tochter. Die Polizeibeamten haben jedes Detail akribisch aufgeschrieben. Die Todesursache ist geklärt. Selbstmord.«

»Nein!«, sagte ich aufbrausend und sprang vom Stuhl auf. »Nein! Unsere Tochter hat sich nicht das Leben genommen. Habe ich bereits mehrmals gesagt. Ich möchte eine erneute Obduktion, damit alles genau geklärt werden kann. Sofort!«

»Frau Lange, Ihre Tochter ist beigesetzt worden. Sie wurde obduziert, das wissen Sie. Lassen Sie sie in Frieden ruhen.«

»Wer hat eigentlich diese schnelle Beisetzung angeordnet?«, fragte plötzlich Bertram. Er trommelte mit den Fingerspitzen auf die Schreibtischplatte. »Wer?« Der Kommissar blätterte in den Unterlagen. Als ob er nicht genau wüsste, wer dies veranlasst hatte, dachte ich und beobachtete ihn aus den Augenwinkeln.

»Wer hat das veranlasst?«, stieß ich ungeduldig hervor.

»Kóstas Dímou.«

Mir blieb die Spucke weg. Ich fuhr mit der Zunge über die trockenen Lippen und ergriff Bertrams Hand. Mir fehlten die Worte, dafür war Bertram sehr wortgewandt.

»Was haben Sie da gerade gesagt? Verstehe ich das richtig? Unsere Tochter wurde in der Wohnung dieses Mannes gefunden und der sagt dann einfach: Setzen Sie die Frau schnell bei! Und Sie machen das? Ist das hier Usus? Jemand stirbt unter ungeklärten Umständen, und wird dann mir nichts dir nichts beigesetzt, ohne dass die Angehörigen verständigt werden? Wo sind wir denn hier?«

»Herr Dímou bestand auf eine schnelle Beisetzung, habe ich bereits gesagt.«

»Und wir Eltern sollten erst informiert werden, als Luzie bereits unter der Erde lag? Hat er auch darauf bestanden? Was soll ich denn davon halten?«, schrie ich verzweifelt. »Ich werde Ihnen unsere Anwälte auf den Hals hetzen!«, schrie ich völlig aufgebracht und verließ das Büro im Laufschritt. Ich konnte nicht mehr. Der Schweiß rann mir den Rücken hinunter und meine Wangen brannten vor Aufregung. Kurz darauf stand Bertram neben mir und nahm mich in die Arme. Es bedurfte keiner weiteren Worte. Für uns war klar: So nicht!

Erschöpft, müde und enttäuscht verließen wir das Präsidium.

»Ich möchte …«, sagte ich leise und wurde von Bertram unterbrochen.

»Ich möchte zu Luzie«, sagte er. Genau das, was ich sagen wollte. Hand in Hand gingen wir durch die Straßen, der Weg zog sich, die Sonne brannte, aber das war uns egal. Wir wollten zu der Grabstätte.

»Da vorne ist der Friedhof«, sagte Bertram und strich sich mit der flachen Hand die Schweißperlen von der Stirn. Ich nickte, stolperte in dem Moment und wäre fast auf den Asphalt gefallen. Bertram fing mich im letzten Moment auf.

»Puh, das war knapp.« Drehte mich um, schaute und sah einen Straußeneigroßen weißen Stein, der mitten im Weg lag und mich fast zu Fall gebracht hatte. Ich konnte nicht anders, bückte mich und hob diesen Stein auf. Das Sonnenlicht ließ ihn erstrahlen. Ließ ihn leuchten. Gerade so wie ein Stern.

»Der ist so schön wie unsere Luzie. Schau!« Ich hielt ihn Bertram hin und er strich mit den Fingern über die Oberfläche.

»Hast du einen Stift?«, fragte ich Bertram.

»Nein.«

»Halt mal.« Ich gab ihm den Stein, »dort auf der anderen Straßenseite ist eine Taverne. Ich frage mal, ob die einen haben. Bin sofort wieder da.« Ich lief über die Straße. Zwei Minuten später stand ich wieder vor Bertram.

»Die haben mir sogar einen schwarzen Edding gegeben. Richtig nette Leute. Vielleicht sollten wir später dort etwas trinken gehen.«

»Gute Idee. Aber was willst du mit dem Edding? Doch nicht etwa den Stein schwarz anmalen?«

»Nein. Ich möchte etwas schreiben und den Stein auf Luzies Platz legen.«

Ich kämpfte mit den aufsteigenden Tränen.

»Dort vorne ist ein Mäuerchen. Da kann ich mich setzen, denn im Gehen klappt es nicht mit dem Schreiben.« Ich zog die Nase hoch und nahm Bertram den Stein aus den Händen. Der Stein war wunderschön. So glatt, ganz ohne Risse. Ich trug ihn, als hätte ich einen Schatz in den Händen. War er ein Zeichen? Ein Zeichen von Luzie?

Bertram stand neben mir und ich schrieb auf den Stein:

Luzie 1980 – 2007
Kein Tag ohne DICH

Schweigend gingen wir über den Friedhof, gelangten an den Platz, an dem man unsere Tochter beigesetzt hatte. Ich kniete mich, schnappte nach Luft, kämpfte mit einer innerlichen Wut auf alle, die das Leben von Luzie zerstört hatten. Ich legte ganz vorsichtig den weißen Stein in die Mitte der Grabstätte, strich mit beiden Händen über den Zementblock und ließ meinen Tränen freien Lauf.

Als Kommissar Nikoláou uns bei unserem letzten Gespräch vor dem Abflug sagte, dass es eindeutige Beweise gäbe, dass Luzie sich an der Heizung erhängt haben sollte, bin ich ihm fast an die Gurgel gesprungen.

»Wie kann sich eine junge Frau an einer Heizung erhängen? Und warum?«, schrie ich ihn an.

Der Kommissar druckste herum, verwies plötzlich auf Schweigepflicht, da das Ganze ein noch nicht abgeschlossener Fall wäre.

»Noch nicht abgeschlossen? Sie widersprechen sich. Zuerst sagten Sie uns, dass es ganz klar Selbstmord gewesen sei und nun dieses Wischiwaschi?«, schrie ich erneut.

»Ich darf über interne Ergebnisse und laufende Ermittlungen nichts sagen.«

»Also doch! Laufende Ermittlungen? Und warum hat man dann Luzie so schnell beigesetzt?« Ich wusste, dass ich mich wiederholte, doch das war mir egal. In diesem Moment wurde mir allerdings klar, dass wir Rechtsbeistand brauchen würden, um überhaupt etwas über den Tod herauszubekommen.

Unterstützung von fachkompetenten Leuten. Doch wen konnte man in so einer Situation ansprechen und um Hilfe bitten? Wen?

Drei Tage später saßen wir im Flieger nach Berlin. Ohne Luzie. Wir hatten alles versucht, um den Leichnam unserer Tochter mit nach Berlin nehmen zu können.

Vergeblich.

Im Gepäck waren Trauer, Wut, Verzweiflung, Leere und die Gewissheit, dass wir alles, wirklich alles über die wahren Umstände von Luzies Tod erfahren wollten.

Alles.

Das Leben muss weitergehen

Kein Tag ohne DICH!

Die Worte hatte ich in bunten Buchstaben auf ein Holzbrett gemalt und an unsere Eingangstür gehängt. Jeder, wirklich jeder sollte sehen, spüren und lesen, dass Luzie nicht mehr unter uns aber immer bei uns sein würde.

Weinen konnte ich nicht mehr. Die Tränen habe ich in Griechenland gelassen. Bei Luzie. Jetzt war ich nur noch entschlossen. Entschlossen, die genauen Todesumstände aufklären zu lassen, denn für mich war es eine grausame Gewalttat.

Bertram war seit unserer Rückkehr schweigsamer, abweisender, in sich gekehrter. Er war immer der ruhigere Pol von uns beiden, aber auch der stabilere. Der Ausgeglichenere. Und jetzt?

Ich saß am Esstisch und wälzte mich durch das Telefonbuch. Rechtsanwälte in Hülle und Fülle. Bertram hockte vor dem Fernseher. Hertha BSC spielte. Gegen wen wusste ich nicht. War mir auch egal.

»Können wir mal gemeinsam nach einem kompetenten Rechtsanwalt schauen?«, fragte ich, denn die Anzahl der in Berlin tätigen Juristen war groß.

»Später. Hertha spielt.«

Als ob ich das nicht wüsste. Ich überlegte, ob ich mich einfach bei einem melden und von unserem Fall erzählen sollte.

»Soll ich mal bei Hebenschmitz & Partner anrufen? Die Kanzlei ist in Berlin Mitte.«

»Mach es.« Und kurz darauf: »Tooor!«

»Bertram! Hörst du mir überhaupt zu? Verdammt noch mal. Ist dir dein blöder Fußball wichtiger als unsere Tochter?« Ich war stinksauer.

Bertram schaute in meine Richtung. Sein Blick war leer. Ohne Ausdruck. Einfach nur traurig. Mir wurde deutlich, dass jeder Mensch anders trauert und Bertram anscheinend zu denen zählte, die seine Gefühle mit sich selber auszumachen schienen. Wir haben nie darüber gesprochen. In Griechenland konnte er weinen, schreien, verzweifelt sein. Seit wir wieder in Berlin waren, war er in sich gekehrt. Fußball schien wohl eine Art spontane Ablenkung zu sein. Ein Geschehen auf der Mattscheibe, das er nicht beeinflussen konnte und das ihn, wenn auch nur vorübergehend, aus seiner tiefen Traurigkeit heraus holte oder sie für eine Zeit verdrängen ließ. Leider hatte ich in meiner Hyperaktivität vollkommen vergessen, wie viele Wege es gab, mit Trauer umzugehen. In meinem Studium hatte ich einen Kommilitonen, Frank hieß er, dessen Eltern waren bei einem Flugzeugabsturz ums Leben gekommen. Eine ganz tragische Geschichte. Ich weiß noch, als er neben mir saß und eine vollkommen heitere Anekdote aus seiner Kindheit erzählte und sich vor Lachen auf die Oberschenkel geschlagen hatte. Irritiert fragte ich ihn, ob der Tod seiner Eltern, der damals gerade zwei Monate her war, ihn überhaupt nicht berühren würde.

»Das Leben endet, die Liebe nicht«, antwortete er. Wie wahr und wie nah dieser Satz auf einmal war, wurde mir in diesem Augenblick bewusst. Die Liebe zu Luzie würde nie enden. Weder bei Bertram noch bei mir. Ich schlug die nächste Seite im Telefonbuch auf, konnte mich nicht entscheiden, wen ich anrufen sollte, und legte das Buch erst einmal zur Seite. Etwas musste geschehen. Wir mussten etwas machen. Aber was?

Ich stand auf, ging ins Wohnzimmer. Verschränkte die Arme vor der Brust und blickte zu Bertram, der dem Ball hinterher fieberte. Herrje, wer könnte uns helfen. Mir fiel ein, dass der Kommissar, der uns hier in Berlin über den Tod von Luzie informierte, eine Visitenkarte gegeben hatte.

»Wenn Sie Hilfe brauchen, dann wenden Sie sich an Frau Dr. Buchwaldt«, hatte er bei seinem Abschied gesagt.

»Weißt du, wo die Visitenkarte liegt, die wir von dem Kommissar bekommen haben?«

»In Griechenland haben wir keine Karte gekriegt, sondern nur dumme Antworten«, kam es prompt aus seinem Mund.

»Nein, ich meine den Berliner Kommissar. Habe seinen Namen vergessen.«

»Kommissar Stade«, murmelte er.

Ich musste mal wieder neidlos anerkennen, dass sich Bertram Namen viel besser merken konnte als ich. »Stimmt«, sagte ich. »Weißt du, wo die Karte liegt?«

»Entweder unter den Suppentellern in der Vitrine oder im Altpapier.«

Aber weder an der einen Stelle noch an der anderen fand ich sie und nahm mir erneut das Telefonbuch zur Hand. Frau Dr. Buchwaldt ... Ich blätterte und fand den Eintrag: *Rechtsanwältin, Opfervertretung, Strafrecht, Representation of victims, Criminal Law.*

Dr. Annika Buchwaldt ...

Ich überlegte, sah Bertram, der stur auf das Fußballspiel starrte und griff zum Hörer.

Besetzt.

Ich hatte also ein paar Minuten Bedenkzeit. War es wirklich der richtige Weg, sich Hilfe zu holen, um mit den griechischen Behörden, den dortigen Gesetzen, den in meinen

Augen eigenartigen Ermittlungen und der eiligen Beisetzung, die ich ungeheuerlich fand, klarzukommen?

Bertram und ich drehten uns im Kreis. Fragen über Fragen und Antworten, die uns nicht weiterbrachten. Unsere Kinder fanden Unterstützung bei Freunden, Freundinnen und untereinander. Durch den grausamen Tod waren sie vollkommen durcheinander und über die Hilfe war ich sehr froh. Martina sorgte sich um unser Wohlergehen und rief morgens und abends an, fragte, ob sie etwas besorgen solle oder ob wir etwas Neues erfahren hätten. Die beiden Jungs hatten eine andere Art sich mit dem Geschehenen auseinanderzusetzen.

Thomas lenkte sich mit Sport ab. Günther redete mit jedem, der ihm begegnete und der etwas über seine Schwester wusste und konnte so seinen Kummer und seine Trauer einigermaßen verarbeiten. Ich hatte jedenfalls den Eindruck. Als Familie waren wir auf ganz neue Art miteinander verbunden. Wir passten auf uns auf, halfen uns gegenseitig und waren alle der festen Meinung, dass Luzie sich nicht selbst das Leben genommen hatte.

Frau Dr. Buchwaldt erreichte ich am späten Nachmittag. Ich erzählte ihr unsere Geschichte und unser Problem, mit den griechischen Ergebnissen der Polizei und der Rechtsmedizin nicht einverstanden zu sein. Ich berichtete von der übereilten Beisetzung, unseren Zweifeln an Luzies Suizid und von der komplizierten Beziehung zwischen ihr und Kóstas. Ich redete und redete und bemerkte gar nicht, dass Frau Dr. Buchwaldt lediglich ein »Ah« oder ein »Soso« von sich gegeben hatte. Sie hörte mir zu, über eine halbe Stunde, wie Bertram mir später sagte. Anscheinend hatte er doch nicht nur Fußball geschaut, sondern mir auch zugehört.

»Wann können Sie vorbeikommen? Morgen gegen vierzehn Uhr oder lieber am späten Nachmittag um halb fünf?« Ich traute meinen Ohren nicht.

So schnell einen Termin bei einem Rechtsanwalt zu bekommen, und das in Berlin, das war schon etwas Außergewöhnliches.

»Vierzehn Uhr passt prima«, sagte ich und beendete das Gespräch.

»Glaubst du, diese Frau Doktor kann uns weiter helfen?«, fragte Bertram. Ich setzte mich neben ihn, sah ein paar Minuten zu, wie die Fußballspieler um den Ball kämpften. »Bestimmt! Sie hörte sich sehr empathisch an.«

»Das konntest du hören, obwohl du doch die ganze Zeit geredet hast?« Er zog die Augenbrauen hoch.

Typisch Bertram. Für diese Direktheit liebte ich ihn.

Pünktlich um vierzehn Uhr standen wir vor einem fünf-geschossigen, gut gepflegten Altbau im Stadtteil Berlin Schöneberg. Nicht weit entfernt vom Viktoria-Luise-Platz.

Hellgraue Fassade, kleine Balkone mit bunten Blumen, hohe Fenster und eine imposante Eingangstür. Vier Schilder wiesen auf eine Zahnarztpraxis, eine Kinderarztpraxis, einem Steuerberater und der Kanzlei von Frau Dr. Annika Buchwaldt hin. Die oberen Etagen schienen Wohnungen zu sein, wie ich anhand der Klingelschilder mutmaßte.

»Wir müssen in die zweite Etage.« Ich strich mir eine Haarsträhne hinters Ohr. Bertram ergriff kurz meine Hand, drückte sie und dann gingen wir die Treppen in die zweite Etage zu Fuß hoch. Das Treppenhaus war hell beleuchtet und die Wände in freundlichem elfenbeinweiß gestrichen. Wir hatten nur noch ein paar Stufen, da hörten wir die Stimmen von zwei Frauen und einem Mann. Ich verstand die

Wortfetzen: »... ich kann nicht mehr ... und nimmt das nie ein Ende?« Sekunden später sah ich die drei Personen, von denen sich zwei in den Armen lagen, die Frau leise vor sich hin weinte und eine andere Frau sagte: »Wir werden alles machen, was für uns möglich ist. Das habe ich gesagt und dazu stehe ich. Sie können sich jederzeit melden. Auch nachts.« Die Dame, die das sagte, war nicht groß, höchsten einen Meter sechzig, schätzte ich. Hatte kurze schwarze Haare, die leicht gelockt waren, freundliche Augen und lächelte die Herrschaften aufmunternd an. Dann schaute sie zu uns.

»Familie Lange?«

Ich nickte.

»Gehen Sie bitte in den ersten Raum, rechts. Ich bin sofort für Sie da.« Sie wendete sich noch einmal den Herrschaften zu.

Wir betraten den uns zugewiesenen Raum und kurz darauf kam eine Mitarbeiterin, die sich vorstellte, uns unsere Plätze zeigte und nach Getränken fragte. Bertram ließ sich sofort auf den tiefroten Sessel plumpsen. Ich merkte ihm an, wie nervös und aufgeregt er war. Dann setzte ich mich neben ihn.

»Ich will wissen, was wirklich in Griechenland passiert ist. Erst dann kann ich Ruhe finden«, meinte ich leise.

Ruhe ... was für ein schönes Wort, dachte ich. Ob ich sie jemals wieder finden würde?

Frau Dr. Buchwaldt betrat den Raum, entschuldigte sich, weil sie uns warten ließ, reichte uns die Hand und setzte sich neben uns. In der Mitte stand ein kleiner Tisch, auf dem die Mitarbeiterin Wasser, Tee, Kaffee und Kekse stellte, dann verließ sie den Raum und Dr. Buchwaldt übernahm die Gesprächsführung.

»Greifen Sie bitte zu. Die Kekse sind echt lecker und unsere Seele braucht Süßes.« Sie lächelte und griff sich einen Keks.

»Bei unserem Telefongespräch haben Sie eine Menge erzählt, Frau Lange. Gerne möchte ich das Bild vervollständigen. Bitte erzählen Sie mir noch einmal alles, was geschehen ist. Und haben Sie keine Scheu. Alles, was hier besprochen wird, bleibt unter uns.«

Ich knabberte an einem Keks. Bertram schlürfte an dem heißen Kaffee. Und dann fing ich an zu erzählen. Alles. Angefangen von Luzies Geburt, ihrer wunderbaren Stimme, die sie schon als Grundschülerin hatte, ihrem Strahlen, ihrem besonderen Charisma. Ich erzählte von den Schwierigkeiten, die wir hatten, als sie in der Pubertät war, ihre Wutausbrüche, ihre Versuche, gegen alles und jeden zu rebellieren. Es gab so viel zu berichten. Mein Mund war schon ganz trocken.

Bertram berichtete von ihrem Studienbeginn, ihren Freundschaften zu Thános und zuletzt zu Kóstas, über den Bertram kein gutes Wort ließ. Zwischendurch redeten wir beide, fielen uns gegenseitig ins Wort und erzählten emotional die Tage, nach dem Bekanntwerden ihres Todes.

»Es war kein Selbstmord«, ereiferte ich mich. »Sie müssen wissen, dass Luzie und ich in den letzten Monaten oft telefoniert haben. Unsere Beziehung hatte sich normalisiert. Luzie suchte meinen Rat. Sie rief an und erzählte von den grausamen Wutattacken ihres Freundes, geprügelt hat er sie und sie wollte sich trennen. Hat es immer wieder herausgeschoben. Doch einige Tage vor ihrem Tod hat sie mir gesagt, dass sie jetzt endgültig einen Schlussstrich gezogen hätte. Sie wohnte bereits nicht mehr bei Kóstas. Da fiel mir ein Stein vom Herzen. Sie sagte sogar, dass sie zurück nach Berlin wollte, um hier ihre Gesangskarriere zu forcieren. Alles hörte sich gut an ... bis die Nachricht kam, sie sei tot!« Jetzt konnte ich nicht mehr. Die Tränen liefen, dabei hatte ich zuletzt in

Griechenland geweint. Sie liefen und liefen und Frau Dr. Buchwaldt reichte mir eine Box mit Papiertüchern.

»Es tut mir leid«, jammerte ich unter Tränen. Ich wollte mich nicht so gehen lassen.

»Weinen Sie. Das tut Ihnen gut. Tränen lügen nicht.«

Ich schaute auf und musste lachen.

»Sind aber nass.« Ich wischte mir das Gesicht trocken.

Ein Augenblick der Leichtigkeit. Eine Momentaufnahme, die mir die Gewissheit gab, dass wir das Richtige machten.

»Die Tatsache, dass Ihre Tochter in Griechenland verstorben ist, macht es leider kompliziert, denn die griechischen Behörden sind nicht so detailliert und genau wie die deutschen. Liegt wohl an der südlichen Mentalität.« Frau Dr. Buchwaldt schob sich einen weiteren Keks in den Mund.

»Nichtsdestotrotz gibt es auch dort Gesetzte und die müssen befolgt werden. Ich werde bei der Staatsanwaltschaft Anträge einreichen, um Einsicht in die Ergebnisse der Obduktion sowie die Fotos und die dortigen Ermittlungen zu bekommen. Genauso werde ich auf eine Überführung nach Deutschland plädieren. So eine rasche Beisetzung geht gar nicht. Ich werde Kontakt zu Kommissar Zíno Nikoláou aufnehmen. Das Ganze dauert. Sie wissen, die Behörden mahlen langsam. Ich werde mich jetzt ausführlich mit dem Fall auseinandersetzen und Sie über alle weiteren Schritte informieren.« Sie machte eine Pause, holte Luft. »So traurig es ist und leider in keiner Weise ein Trost für Sie, aber es gibt leider einige Fälle, in denen die Angehörigen verstärkt Hilfe im Umgang mit den Behörden brauchen. Die möchte ich Ihnen geben. Seelischen Beistand, psychische Unterstützung, Hilfe für den Umgang und das weitere Leben, die kann ich Ihnen nicht geben. Ich stelle immer wieder fest, dass die Angehörigen, die Hinterbliebenen, die Opfer einer grausamen Tat in

Deutschland ziemlich allein gelassen werden. Die Menschen sind unsicher im Umgang mit Trauernden, haben Angst und Hemmungen. Wollen nichts Falsches sagen, nicht aufdringlich sein. Es tut mir leid, Ihnen das so offen zu sagen. Aber so ist es leider.«

Ich schluckte. Hatte ich mir nicht im Geheimen eine Anlaufstelle gewünscht, die den Eltern, den Geschwistern, den Freunden, den Nachbarn und so weiter ... Hilfe geben könnte? Hilfe, um mit dem fertig zu werden, was ein ganzes Leben auf den Kopf gestellt hat? Fertig zu werden mit der Tatsache, dass in vielen Fällen ein anderer Mensch verantwortlich ist?

Mir waberte das Bild der beiden Personen aus dem Treppenhaus durch den Kopf. *Welches Schicksal sie wohl heimgesucht hatte?*, fragte ich mich. Hatten sie auch einen Herzensmenschen auf grausame Weise verloren?

Frau Dr. Buchwaldt erhob sich und läutete damit das Ende unseres ersten Gespräches ein. Wir unterschrieben die nötigen Vollmachten, damit sie auf allen Ebenen tätig werden konnte. Dr. Buchwaldt reichte mir die Hand, schaute mir in die Augen.

»Sie sind eine starke Frau. Haben einen starken Mann und wie Sie erzählt haben, noch drei erwachsene Kinder. Denken Sie immer an Ihre Familie. Denken Sie an die Lebenden. Sie können mich jederzeit anrufen. Jederzeit!«

Bertram und ich verließen schweigend die Kanzlei. Nie in meinem Leben hätte ich mir vorstellen können, wegen eines solch verheerenden Geschehnisses eine Rechtsanwaltspraxis aufsuchen zu müssen.

»Lass uns eine Tasse Kaffee trinken und ein Stückchen Kuchen essen gehen. Zwei Seitenstraßen weiter ist ein ruhiges Café«, sagte Bertram, als wir die Stufen hinunter gingen. Mir gefiel die Idee, denn das Gespräch mit Frau Dr. Buchwaldt war anstrengend, intensiv und hatte mich emotional stark aufgewühlt.

Ein runder Tisch für zwei Personen direkt neben der Kuchentheke war frei und wir setzten uns.

»Ich bekomme einen Cappuccino und ein Stück Himbeertorte«, sagte ich der jungen Bedienung und Bertram bestellte sich einen Espresso und gedeckten Apfelkuchen mit Sahne.

»Der Satz, den die Rechtsanwältin zum Schluss gesagt hat, lässt mich einfach nicht los.« Er sah mich an.

»Denken Sie an die Lebenden, sagte sie. Es stimmt. Wir haben noch drei Kinder, auch wenn sie erwachsen sind, brauchen sie uns und wir brauchen sie. Gerade jetzt. Wir dürfen sie in unserem Schmerz nicht vergessen. Wir müssen für sie da sein, denn sie trauern genauso wie wir.«

Wie recht er hatte, dachte ich und sah Martina vor meinen Augen, wie sie weinend in meinen Armen lag, überhaupt nicht verstehen wollte, was passiert war und Trost bei mir suchte. Doch wie konnte ich sie trösten, wenn mein eigenes Herz überschwappte vor Traurigkeit?

Der Kuchen und der Cappuccino mit der Milchschaumkrone sahen himmlisch aus. Das Wasser lief mir im Mund zusammen und ich wollte gerade die Tasse an den Mund führen, als ich drei Tische neben uns ein Schluchzen hörte und meinen Kopf sofort in die Richtung drehte. Da saßen die beiden Personen, die uns im Treppenhaus begegnet waren.

Ich schubste Bertram leicht an und flüsterte ihm meine Beobachtung ins Ohr.

»Meinst du, die haben ein ähnliches Schicksal wie wir? Vielleicht ein Kind verloren oder einen Bruder? Etwas Furchtbares muss sie beschäftigen, sonst würden sie nicht so elendig aussehen und in der Kanzlei gewesen sein, oder?«

Bertram hatte die beiden nun auch gesehen. Er hatte den Mund voll, kaute auf seinen Apfelstücken und zuckte mit den Schultern.

»Meinst du ich könnte mal zu ihnen gehen? Sie einfach mal fragen? Vielleicht sind sie froh, mit jemandem zu sprechen?«

»Wir haben genug eigene Probleme, die gelöst werden müssen, da brauchen wir uns nicht noch um andere zu kümmern«, sagte er jetzt mit leerem Mund.

Bertram hatte recht. Trotzdem ... Mit der Serviette wischte ich mir den Milchschaum von den Lippen, legte ganz kurz meine Hand auf Bertrams Arm.

»Ja, ich weiß. Aber ich kann nicht anders.« Und schon war ich aufgestanden und ging langsam zu den beiden Personen.

»Entschuldigung, dass ich Sie so einfach anspreche. Ich möchte nicht aufdringlich sein, aber ich habe Sie vorhin ...« Weiter kam ich nicht. Der Mann, ich schätzte ihn Anfang vierzig, ließ die Hand der Frau los, die vielleicht ein paar Jahre jünger war.

»Ja, ich habe Sie auch gesehen. Sie waren bei Frau Dr. Buchwaldt. Stimmts?«

Ich nickte. Die Worte, die mir auf der Zunge lagen, schluckte ich hinunter, denn ich wollte ja nicht mit fremden Leuten über Luzie reden. Das war zu persönlich. Was wollte ich aber?, fragte ich mich.

»Es ist alles so schwer. So furchtbar«, sagte die Frau mit weinerlicher Stimme.

Wie wahr, dachte ich. Doch was mögen die beiden Menschen erlebt haben, dass sie hier so verzweifelt saßen?

»Ich möchte Sie nicht stören, wirklich nicht. Ich hörte Ihr Weinen und da dachte ich ... ich könnte vielleicht helfen.«

»Alles gut«, sagte der Mann, mit freundlicher, aber sehr trauriger Stimme.

Ich entschuldigte mich noch mal für meine Fragen und wollte mich wieder zu Bertram setzen.

»Frau Dr. Buchwaldt ist eine sehr hilfsbereite, nette Person und sehr kompetent. Wir sind froh, dass sie uns hilft. Sie sind bei ihr in den besten Händen«, meinte die Frau.

»Wir hatten heute unser erstes Gespräch und ich hatte auch einen sehr guten Eindruck von ihr. Alles Gute«, sagte ich noch und ging zu meinem Mann an den Tisch zurück.

»Ich habe mir noch einen zweiten Espresso bestellt. Möchtest du auch noch etwas trinken? Was sagten denn die Leute? Fanden die dich nicht komisch?«

»Komisch? Warum? Ich habe mich nur nach ihrem Wohlbefinden erkundigt, denn es scheint ihnen nicht gut zu gehen. Ich glaube, die haben mit einem ebenso schweren Schicksalsschlag zu tun.«

»So wie wir.« Bertram nahm seinen Espresso entgegen, schüttete Zucker in die Tasse, als die beiden Fremden vom Nachbartisch vor uns standen.

»Meine Frau und ich wünschen Ihnen alles Gute.«

»Wir Ihnen auch«, sagte ich. Bertram sagte nichts, sondern verrührte den Zucker.

In den nächsten Tagen und Wochen war unser Leben geprägt von Formularen, Unterlagen, Polizeiberichten, Telefonaten und dem Gefühl der Ohnmacht. Die Gespräche mit Frau Dr. Buchwaldt waren anstrengend für uns. Aber Bertram, die Frau Doktor und vor allem ich waren der festen Überzeugung, nachdem wir alle Ermittlungsberichte zigmal gelesen, durchgesprochen, alle Akten sichteten, dass unsere Tochter nie und nimmer Selbstmord begangen hatte. Aus diesem Grund stellte Frau Dr. Buchwaldt in unserem Namen offiziell eine Anzeige wegen Mordes. Sie zeigte uns die Akte, in denen nach Aussagen des zuständigen Staatsanwaltes ein Todesermittlungsverfahren eingeleitet wurde, zum Nachteil einer Deutschen im Ausland. Die Kollegen der griechischen Justiz in Athen hätten nun offiziell den Fall übernommen. Ich war fest entschlossen, alles zu erfahren. Die ganze Wahrheit über die Umstände, wie Luzie ums Leben gekommen war. Jedes Detail. Ich wollte die Fotos von Luzie sehen, die nach ihrem Tod gemacht wurden. Jeder riet mir ab. Sätze wie: »Es ist nicht gut, das zu sehen, schließlich bist du die Mutter«, »Das ist Kasteiung, mach das nicht«, »Du zerfleischst dich nur dabei!« oder einfach »Du spinnst!«, bekam ich zu hören.

»Schau dir die Fotos bitte nicht an. Behalte Luzie so in Erinnerung, wie sie war, als sie lachend, tanzend und singend bei uns im Garten feierte«, meinte selbst Bertram.

Aber ich wollte nicht! Ich habe es schon immer gehasst, wenn andere Leute mir sagen wollten, was ich tun oder unterlassen sollte oder was gut oder schlecht für mich sei. Nein! Bis zum Äußersten wollte ich gehen, um die Wahrheit ans Tageslicht zu bringen. Das habe ich mir geschworen. Auch wenn es Jahre dauern sollte.

So nicht! Nicht mit mir.

Die Zeit verging wie im Flug. Wir düsten zwischen Griechenland, den deutschen Behörden, der Polizei, Frau Dr. Buchwaldt hin und her. Wussten oft nicht, wo uns der Kopf stand.

Das erste Weihnachtsfest nach Luzies Tod stand vor der Tür. Unsere Tochter Martina war im fünften Monat schwanger. Ein Lichtblick, der unsere Herzen höherschlagen ließ. Wir wurden Oma und Opa ... Wie schön. Zwischen Weihnachten und Neujahr wollten Bertram und ich nach Griechenland fliegen, um auf Luzies Grab Blumen zu legen und Kerzen anzünden. Wir wünschten uns nichts sehnlicher, als dass Luzies Leichnam nach Deutschland überführt würde, aber die Bürokratie legte uns einen Stein nach dem anderen in den Weg.

Es war der vierte Advent, zwei Tage vor dem Heiligen Abend. Vier Kerzen brannten und ein Teller mit selbst gebackenen Makronen stand auf dem Tisch. Makronen die Luzie so liebte. Tannenzweigduft lag in der Luft. Im Hintergrund lief das Radio und weihnachtliche Klänge füllten den Raum. Ich saß im Sessel, eingekuschelt unter einer warmen Wolldecke. Bertram war ins Schlafzimmer gegangen und wollte sich ein frisches Hemd sowie eine bequeme Jeans anziehen. Seine alljährliche Weihnachtsfeier mit den Arbeitskollegen begann in gut einer Stunde.

Plötzlich kam er in den Raum.

»Ich habe keine Lust. Jedes Jahr das Gleiche und immer endet es damit, dass unser Chef sich auf einen Tisch stellt und ein Weihnachtsgedicht zum Besten gibt. Alle lachen notgedrungen, klatschen und freuen sich über die Weihnachtstüte, die sie überreicht bekommen. Dann fängt die Trinkerei an. Ich könnte aufgrund der familiären Tragödie absagen und bei dir bleiben.« Er schaute mich fragend an, doch ich hatte das Gefühl, dass er schon gerne mitfeiern würde. *Täte ihm bestimmt auch gut,* dachte ich.

»Quatsch. Warum willst du denn absagen? Du erzählst doch immer, wie fein und edel das Büfett sei und bei einem Glühwein oder Bierchen mal ganz locker mit den Kollegen ins Gespräch kommen, wäre auch prima. Würde dem Arbeitsklima guttun. Also los! Eine schöne Feier wünsche ich dir.« Ich reckte mich, gab ihm einen Kuss.

»Ich komme gut allein zurecht, mach dir keine Sorgen.« Und war froh, als ich hörte, dass die Tür ins Schloss fiel.

Ich war allein. Mit mir und meinen Gedanken.

Wie ein Film rasten die Bilder der letzten Monate vor meinen Augen vorbei. Wiederholungen, Bilder, die ich öfters gesehen habe und die mich fast jede Nacht um den Verstand brachten.

Luzie, die Strahlende, die Singende, die schöne, junge Frau. Luzie, die am Telefon um Hilfe bat. Luzie, die von Prügelattacken ihres Freundes sprach. Ich sah diesen Kommissar Zíno Nikoláou der mich mit seinen schwarzen Augen genau fixierte und hörte seine Worte: abgeklärt, kühl, sachlich. Malte mir im Kopf Fantasiebilder aus, wie Luzie gestorben sein konnte. Ich sah mich kniend auf den Steinen an ihrer Ruhestätte eine Kerze anzünden. Und plötzlich, wie ein Herbstlaubsturm flatterten Gedanken in meinem Kopf, die neu waren. Die mich irritierten. Unruhe stifteten.

Ich dachte an die Szene vor ein paar Monaten im Treppenhaus von Frau Dr. Buchwaldt. An die Herrschaften, die wir später in dem Café wiedergetroffen hatten. Ich sah deren Leid, deren quälenden Blick, deren Tränen in den Augen ... Und da wurde mir bewusst: Es gibt viele, viele andere Menschen, Mütter, Väter, Geschwister, Großeltern, Tanten, Freunde, die ein ähnliches Schicksal erlebt hatten wie wir und die bestimmt auch in ihren Wohnungen mit dem Weiterleben und dem Morgen kämpften. Die nicht wussten, warum sie überhaupt noch leben, noch atmen, noch da sind und ihr Liebstes nicht. Die Rotz und Wasser weinen über die Ungerechtigkeit, die ihnen widerfahren war. Die verzweifeln, sich mit Suizidgedanken quälen, eine enorme Wut in sich haben, hilflos sind und nicht wissen, was sie tun müssen, um einfach nur weiterzuleben. Die an Selbstvorwürfen zugrunde gehen und keinen haben, mit dem sie über all diese Gefühle, über all diese Wut, den Schmerz der Verzweiflung reden können. Sich im Kreis drehten so wie wir auch. Sich an jeden noch so kleinen Strohhalm klammern, um nicht ganz zu ertrinken.

Ich setzte mich an den Computer und googelte nach nicht aufgeklärten, mysteriösen Verbrechen in Berlin.

»Meine Güte«, murmelte ich. »Meine Güte.«

Ich hatte das Gefühl, dass ganz Berlin ein Ort des Bösen sei, was natürlich nicht stimmte. Ich fasste mich an den Kopf, als ich las, was einer Familie in Berlin Wedding passiert war. Ich weinte vor mich hin, als ich den Zeitungsartikel einer Frau studierte, deren Schwester einem brutalen Verbrechen zum Opfer fiel. Ich stand auf, ließ den Computer an und musste etwas trinken, als ich von dem Schicksal einer jungen Frau las, die jahrelang eingesperrt war und dann durch einen Zufall befreit werden konnte.

»Ist denn die ganze Welt eine Mördergrube?«, redete ich mit mir selbst. »Wie können die Familienangehörigen, die Hinterbliebenen mit all dem fertig werden?« Ich brabbelte noch vor mich hin, als ich Geräusche an der Wohnungstür hörte, dann ein leises Stöhnen, das Zuschlagen der Tür und Schritte, die näher kamen. Schlurfende Schritte.

»Hallo meine Liebe. Bin wieder da!«, nuschelte Bertram.

Ich musste lachen. »Ich sehe und höre es.«

»Echt?« Erstaunt schaute er mich mit glasigen Augen an.

»Wie war denn die Feier? Hat euer Chef wieder ein Gedicht aufgesagt?« Ich weiß nicht, ob Bertram meine Fragen überhaupt verstanden hatte. Er nickte, ließ sich auf die Couch fallen, streifte umständlich einen Schuh vom Fuß und gab kurz darauf leise Schnarchtöne von sich. Amüsiert zog ich ihm den zweiten Schuh aus und ließ ihn schlafen. Von meinen Gedankengängen würde ich ihm am nächsten Morgen erzählen, es sei denn, der Kater würde ihn traktieren, und Kopfschmerzen ihn ans Bett fesseln. Was ich nicht hoffte.

Ich setzte mich erneut an den Computer und schaute mir unzählige Berichte von Kriminalfällen an. Ich las so lange, bis sich alles in meinem Kopf drehte und mir fast die Augen zufielen. Müde schleppte ich mich ins Bett, aber vorher legte ich eine Wolldecke über Bertrams Körper, in die er sich sofort im Halbschlaf einkuschelte.

Erstaunlicherweise war Bertram am nächsten Morgen topfit und hatte bereits Kaffee gekocht. Er wirkte sogar ausgeruhter als ich, denn mir dröhnte der Kopf vom vielen Lesen.

»Und? Erzähl schon? Wie war die Weihnachtsfeier?« Fragend schaute ich ihn an.

Bertram schmunzelte. »Punkt achtzehn Uhr stellte Dr. Müller sich auf einen Tisch, zubbelte an seinem feinen Jackett und sagte das Gedicht »Weihnachtsabend« von Theodor Storm auf. Na ja, er gibt sich auf jeden Fall Mühe, stets ein neues Gedicht zu lernen.

Voriges Jahr trug er etwas von Goethe vor. Lustig wurde es bei der letzten Zeile. Alle schielten schon auf das toll angerichtete Büfett, es sah aber auch herrlich aus, als er zitierte: »... und schrie nach Brot ...« Ich glaube, dem folgte noch ein Satz, aber wir grölten alle dazwischen. Wie, es gibt heute nur Brot? Du glaubst gar nicht, wie schnell Dr. Müller vom Tisch stieg, denn alle liefen zu den Köstlichkeiten. Tsts, ich vermute mal, er hatte Angst nichts abzubekommen. Auf jeden Fall war die Stimmung bestens.«

»Das freut mich.« Ich nahm einen Schluck Kaffee, der meine müden Geister wecken sollte.

»Unsere neue Kollegin aus der Verwaltung singt nebenberuflich in einem Jazzchor. Nach dem Essen gab sie ihr Können zum Besten. Ich kann dir sagen. Die wuppte den Abend. Echt dufte! Musste noch zwei Zugaben geben.«

»Oh, das hört sich ja klasse an. Und an Getränken hat es nicht gemangelt, oder?«

»Nein. Da lässt sich Dr. Müller nicht lumpen. Ich habe auch zwei, drei Bierchen getrunken.«

»Oh, doch so viele?« Ich musste laut lachen. Bertram zog die Augenbrauen hoch.

»Vielleicht waren es auch fünf.« Er verzog den Mund zu einer Schnute. Ich nickte.

»Mindestens zehn schätze ich mal. Aber ich bin froh, dass der Abend gut verlaufen ist. Wir müssen aufpassen, dass wir nicht in einem Tunnel stecken bleiben.«

»Hä?« Bertram biss in seine Stulle.

Ich nippte am Kaffee und schaute ihn ernst an. Dann erzählte ich ihm, was mir alles durch den Kopf ging, als ich allein war. Berichtete von den grausamen Verbrechen, über die ich gelesen hatte. Bertram hörte aufmerksam zu. So wie eigentlich immer, denn das war eine seiner großen Stärken. Zuhören und die Gedankengänge des anderen ernst nehmen. Die Stille, als ich fertig erzählt hatte, war bedrückend. Es dauerte eine Weile, bis einer von uns sprach.

»Du hast recht. Wir sind alle Opfer. Die Familie, die Freunde, die Nachbarn. Jeder auf seine Art und Weise. Es ist so verdammt hart mit anzusehen, wie ein so fürchterliches Verbrechen die Welt von so vielen Menschen beeinflusst. Man wird aus dem Leben katapultiert wie der Pilotensitz eines Überschallfliegers bei Gefahr. Von Jetzt auf Gleich.« Bertram atmete tief ein und aus. Ich merkte ihm seine innere Unruhe an. Er litt genauso wie ich. Mir wurde klar, dass wenn zwei so entsetzlich leiden und sich nur im Kreis drehen, Abhilfe geschaffen werden musste.

»Ich habe irgendwann einmal einen Spruch gelesen ...«, weiter kam ich nicht, denn Bertram fiel mir ins Wort.

»Nicht schon wieder ein neuer Kalenderspruch. Im ganzen Haus hängen diese Sprüche.«

»Na, na, nicht übertreiben. Im Schlafzimmer und im Wohnzimmer findest du keinen Spruch. Spruchfreie Zone, habe ich dir ja versprochen.« Ich blickte an die Kühlschranktür, an der mittlerweile kaum eine freie Stelle war. Auch die Küchentür und einzelne Stellen an den Wänden waren mit kleinen Zetteln beklebt. Im Badezimmer und im Flur hatte ich auch welche aufgehängt. Ich liebte diese Art, mit Worten, den Alltag zu begehen.

Bertram schüttete sich noch einen Kaffee ein. »Sag schon. Welcher Spruch beschäftigt dich gerade?«

»Unser Leid verliert an Stärke, sobald wir mit Menschen in Berührung kommen, die das gleiche Leid ertragen.« Den Satz hatte ich gestern gelesen, kurz bevor ich ins Bett ging, und er geisterte mir im Kopf herum.

»Sind das deine Worte oder ist das ein Zitat?« Bertram schaute mich neugierig an.

»Es ist ein Zitat von Hubert Joost. Keine Ahnung, wer er genau ist. Im Internet steht Steuerberater. Hat wahrscheinlich eine poetische Ader, aber mir gefällt der Satz. Denn er trifft den Kern.«

Bertram schwieg kurz, zog seine Stirn in Falten.

»Du führst etwas im Schilde, stimmt es?« Unschlüssig wiegte ich den Kopf hin und her. »Weißt du, einen genauen Plan habe ich nicht. Aber in mir schlummert eine Idee. Ich kann sie noch nicht richtig fassen. Ich kann auch nicht sagen, was ich mir genau vorstelle. Jetzt ist erst einmal Weihnachten. Ein Fest ohne Luzie. Wir müssen stark sein und dürfen auch unsere lebenden Kinder nicht vergessen. Nach den Weihnachtstagen fliegen wir nach Griechenland, wie abgesprochen. Vielleicht kann ich bis dahin meine wirren Gedanken etwas ordnen.«

Bertram fing an den Tisch abzuräumen. »Schreib alles auf, was dich bewegt. Kennst du doch aus der Psychologie. Hilft auf jeden Fall. Du rätst es anderen ständig.« Wie gut mich Bertram doch kannte und genau wusste, was gut für mich ist.

Ja, ich sollte meine Gedanken aufräumen, sortieren, strukturieren. Alles aufschreiben, damit aus meinem Gedankenkarussell kein zusätzlicher Stress wird. Die emotionale Achterbahn, die wir seit Monaten jetzt ohne Pause mit Höchstgeschwindigkeit fuhren, war strapaziös genug und forderte unser aller Kräfte. Es musste ein langsamerer Gang eingelegt werden, sonst würden wir alle daran kaputt gehen. Eigentlich waren wir das bereits, denn unsere Seele war in einem defekten Zustand. Aus beruflicher Sicht wusste ich, dass das zu extremen Verhaltensstörungen führen kann. Essstörungen, affektive Erkrankungen, Schlafstörungen, Persönlichkeitsstörungen, Depressionen bis hin zur Schizophrenie und gar zum Suizid. Als Mutter und Ehefrau, als studierte Psychologin und Medizinerin wusste ich natürlich, dass der Tod unwiderruflich ist.

Ich musste ihn akzeptieren. Allerdings nahm ich nach dem schrecklichen Geschehen mein Leben und das Leben um mich herum, wie durch einen Schleier wahr. Blendete das Böse aus so gut und so oft es ging. Für alle versuchte ich die Starke zu sein. Für meine Kinder, meinen Mann, unsere Freunde und die Nachbarn. Wehrte mich mit Händen und Füßen gegen jegliche Behauptungen, jeder müsste doch verhaltensgestört werden, der durch so ein Höllental gehen musste.

Nein! Das wollte ich nicht wahrhaben. Ich wollte nicht in diese Schublade gepresst werden. Nein! Das Leben hatte unserer Familie eine Herkulesaufgabe zugeteilt und die mussten wir irgendwie bewältigen. Punkt!

»Wir werden das gemeinsam wuppen!«, sagte unser Sohn Thomas öfter und nahm mich in seine Arme. Aber ich wusste, dass auch er wie ein Tier litt, genauso wie Günther und Martina. Von Bertram ganz zu schweigen.

Da ich mich selbst als Atheistin bezeichnete und jede Existenz eines Gottes oder Götter ablehnte, beneidete ich häufig meine Cousine Gudrun. Sie litt genauso wie wir. Vor ein paar Wochen besuchte sie uns. Es war kurz vor dem ersten Advent. Gudrun wohnte mit ihrer Familie seit etlichen Jahren in Kassel und arbeitete als Bibliothekarin an der Universität. Bei Kaffee und Spekulatius redeten wir über das Geschehene.

»Weißt du, Gott gibt mir die Kraft, so etwas Grausames zu bewältigen. Gott hört mir zu, wenn ich bete. Ich bete oft, vor allem nach Luzies Tod. Ich bete für sie, für euch, für das Weiterleben. Gott ist immer da. Er hört mir zu, selbst wenn ich ihn anschreie, ihn anflehe, ihn nach dem warum frage«, sagte sie.

»Und antwortet dein Gott auf die Frage: Warum? Und wo war er, als Luzie starb?«, schrie ich sie an.

»Wo war er denn verdammt noch einmal?«

Gudrun schaute mich lange an, knabberte mit den Zähnen an der Unterlippe.

»Der Glaube ist für mich eine große Hilfe«, sprach sie langsam und überlegt. »Er gibt mir Kraft. Halt. Du hast natürlich recht, wenn du fragst, wo Gott war, als Luzie starb. Aber das ist nicht die Kernfrage. Glaube hat nichts mit der Logik, mit den Fakten und den Tatsachen zu tun. Glaube ist für mich eine Vertrauenssache. Verstehst du wie ich das meine? Ich glaube und ich bekomme durch meinen Glauben Kraft für mein Leben. Ich kann auf ihn bauen, im wahrsten Sinne des Wortes.«

Ich konnte Gudruns Gedankengänge durchaus nachvollziehen. »Trotzdem, für mich zählt das, was passiert ist. Luzie ist tot! Sie wäre auch tot, würde ich an Gott glauben.«

»Ja«, sagte Gudrun, »das stimmt. Aber für mich gilt ein Satz, der mich durch mein Leben trägt. Glaube ist feststehen in dem, was man erhofft, überzeugt sein von Dingen, die man nicht sieht. Der Satz ist aus dem Neuen Testament. Ein weiser Satz, finde ich.«

Ich knabberte an einem Plätzchen, nahm einen Schluck Kaffee und lächelte Gudrun an.

»Das Wichtigste ist, dass jeder Mensch für sich einen Weg findet, um mit schwierigen Lebenssituationen umzugehen, oder? Wenn ich ganz ehrlich bin, beneide ich dich sogar ein bisschen um deinen Glauben. Ich habe das Gefühl, dadurch wird das Leben leichter.«

»Nein, nicht leichter. Aber er hilft. Jedenfalls mir.« Ich nickte, strich mir eine Haarsträhne hinters Ohr.

»Vielleicht liebe ich deswegen meine sogenannten Kalendersprüche, die hier überall zu finden sind. Ich hangele mich von Satz zu Satz, je nachdem wie ich mich fühle. Vielleicht so ähnlich wie du an den Satz aus dem Neuen Testament glaubst.«

Schade, dass Gudrun und ich uns so selten sahen, dachte ich. Die Gespräche mit ihr taten mir gut. Schon als Jugendliche steckten wir oft unserer Köpfe zusammen. Wir hatten ständig etwas zu bequatschen, vor allem Jungs waren immer großes Thema bei uns. Gudrun war nicht viel älter als ich und wir hatten gerade in der Pubertät oft das gleiche Problem. Liebeskummer.

Am späten Nachmittag brachte ich Gudrun zum Bahnhof. Wir umarmten uns, als würde es kein Morgen gebe. Sie strich mir über den Rücken.

»Du bist stark. Und Bertram ist neben dir. Gemeinsam schafft ihr es, mit diesem Schicksalsschlag fertig zu werden. Melde dich, wenn ihr Hilfe braucht. Ich bin immer für euch da.«

Der Zug rollte in den Bahnhof, Gudrun ließ mich los, stieg ein und winkte mir zu.

»Gute Fahrt«, rief ich noch, dann fuhr der Zug aus dem Bahnhofsgebäude.

Ideenknäuel

Das Weihnachtsfest verlief still. Die Tage in Griechenland, an Luzies Ruhestätte, leidend. Und Silvester haben wir einfach verschlafen.

Am dritten Januar hatte Thomas Geburtstag und ich backte für ihn einen Apfelkuchen. Nachmittags saßen wir zusammen bei uns im Wohnzimmer.

Sanft strich Martina mit der Hand über ihren ansehnlichen Babybauch. Bertram lobte meine Backkünste und Günther stellte uns seine neue Freundin vor. Thomas erzählte, dass er noch am Abend beruflich nach Hamburg fahren müsse. Vor Luzies Bild brannte eine Kerze, so wie immer, wenn wir als Familie zusammen waren.

Dann brach es aus mir heraus.

»Ich habe das Gefühl, dass wir alle durchaus in der Lage sind, den Alltag zu bewältigen. So muss es auch sein. Das Leben geht weiter. Demnächst krabbelt hier ein neuer Erdenbürger durchs Zimmer. Ich freue mich riesig. Doch ich bin seit etlichen Tagen in einem Gedankenlabyrinth und finde noch nicht den Weg hinaus.« Ich holte tief Luft und merkte, dass alle mucksmäuschenstill waren.

»Ich muss etwas machen!«

»Hat Frau Dr. Buchwaldt euch nicht gesagt, sie hätte eine Liste mit Therapeuten, die in solch brenzligen Situationen helfen können?«, fragte Thomas wie aus der Pistole geschossen.

»Ich habe gehört das Yoga eine gute Möglichkeit ist, um mit Schwierigem fertig zu werden. Melde dich doch zu einem Kurs an und probiere es aus«, kam es von Martina.

»Fahre mit Papa ein paar Wochen in Urlaub. Ans Meer oder in die Berge. Mal was anderes sehen«, sagte Günther.

»Ihr seid lieb, aber so habe ich es nicht gemeint. Ich habe viel im Internet recherchiert, habe über Verbrechen gelesen, die so grausam sind, dass man es sich nicht vorstellen kann. Ich habe mit Frau Dr. Buchwaldt gesprochen und sie meinte, es gäbe so viele Angehörige von Verbrechensopfern, die nicht ein noch aus wüssten. Die verzweifeln, sich das Leben nehmen wollen, die so viel Wut im Bauch haben, dass es Koliken verursacht. Physische und psychische Schmerzen, die ihre Körper auseinanderreißen. Wir sollten uns zusammentun.«

»Und wenn du nicht mehr weiterweißt, dann bilde einen Arbeitskreis ... Meinst du so etwas?« Thomas schaute leicht amüsiert zu mir.

Ich kniff ihm lächelnd in den Oberarm. »Nein, nein. So nicht. Das würde den Opfern nie und nimmer gerecht werden. Ich denke da an etwas anderes. Aber noch fehlt mir das Tüpfelchen auf dem i. Ich drehe mich im Kreis und suche nach einem Ausweg.«

Bertram hatte wie immer genau zugehört. Thomas verabschiedete sich zeitig.

»Ich muss noch ein paar Klamotten packen, dann geht es nach Hamburg. Ich melde mich, wenn ich zurück bin.«

Martina, Günther und seine Freundin gingen kurze Zeit später. Bertram half mir beim Aufräumen, sodass wir pünktlich zur Tagesschau, die zu unserem alltäglichen Usus gehörte wie das Zähneputzen oder das Frühstücken, vor dem Fernseher saßen. Ich hörte die souveräne Stimme von Jan Hofer, war aber in Gedanken abwesend.

»Was schwebt dir im Sinn? Ich merke doch, dass dich etwas aufwühlt. Bedrückt. Sage bitte, wenn du Hilfe brauchst. Professionelle Hilfe meine ich. Ich werde alles machen, dass wir einen guten Therapeuten finden. Luzies Tod hat uns alle aus der Bahn geworfen und jeder vergisst, auf den anderen zu achten. Wir sind viel zu sehr mit uns selbst beschäftigt.« Bertram hatte seine Hand um meine Schulter gelegt und streichelte mir sanft über den Rücken. Es tat gut ihn zu haben und ich lehnte erschöpft den Kopf an seine Brust.

»Was du sagst, stimmt alles. Wir haben uns in uns selbst verloren. Anders kann ich es nicht sagen. Wir sind verzweifelt, trauern, weinen, schreien. Dazu fordert der Alltag seinen Tribut. Die Widrigkeiten mit den Behörden, vor allem mit den griechischen Ämtern rauben uns den letzten Nerv. Kein weiterkommen. Keine Informationen. Unsere Rechtsanwältin ist langsam auch am Limit, obwohl wir ohne sie total aufgeschmissen wären. Mir geht etwas anderes durch den Kopf.«

»Was?«

»Erinnerst du dich an die beiden Personen im Treppenhaus von Frau Dr. Buchwaldt?«

Bertram schaute mich erstaunt an. »Welche meinst du? Uns begegnen ständig Leute, wenn wir in die Kanzlei gehen.«

»Ich meine den Mann und die Frau, die wir später zufällig im Café wieder getroffen und mit denen wir kurz ein paar Sätze gesprochen haben. Die sahen so traurig, so verzweifelt, innerlich zerrissen aus. So sieht man nur aus, wenn einem etwas ganz Grausames passiert ist.«

»So wie uns meinst du?«

»Genau. Schicksalsschläge dieser Art gibt es leider viel zu viele und viel zu wenig Hilfe für die Angehörigen. Wir, die Familie, die Freunde, die Opfer, die ein Leben lang damit leben müssen, wir bekommen so wenig Hilfe. So wenig

Unterstützung. Verstehst du wie ich das meine?« Ich runzelte die Stirn, denn ich war mir selbst nicht sicher, was ich eigentlich vorhatte. Was ich wollte.

Lebenslanges Leiden? Lebenslange Verzweiflung? Lebenslange Ungewissheit, ob mein eigenes Leben eigentlich noch einen Sinn bekommen könnte?

»Weißt du, ich möchte etwas tun!« Bertram schwieg.

»Ist das absurd, was ich gerade gesagt habe? Du sagst nichts, oder bist du eingeschlafen?« Ich streckte den Rücken durch und schaute Bertram an. Der zupfte sich gerade am Ohrläppchen.

»Nein, ich bin weder eingeschlafen noch sind deine Gedanken absurd. Das, was Thomas vorhin etwas abfällig gesagt hat, einen Arbeitskreis bilden, das ist eigentlich als Grundidee gar nicht schlecht. Man müsste sich mit betroffenen Familien treffen, mit ihnen reden und schauen, inwiefern sich bei den Hinterbliebenen gleiche Symptome zeigen, die mit gezielter Hilfe zu bewältigen wären.«

»Hm, das Wort Symptome gefällt mir nicht. Wir sind keine Ärzte oder Therapeuten. Wir sind selbst Betroffene. Ansonsten sagst du genau das, was mir im Kopf herumflattert. Reden mit den Hinterbliebenen, erkennen wo Hilfe gebraucht wird, sie vielleicht anleiten, damit sie sich Hilfe und Unterstützung selbst holen können.«

»Hilfe zur Selbsthilfe!«

»Genau! Das meine ich. Du siehst es ja bei uns. Wir sind vollkommen enttäuscht darüber, dass wir keine weiteren Hilfen bekommen, vonseiten der Behörden, der Ämter und der Polizei. Jeder windet sich, die Art und Weise, wie wir teilweise behandelt werden, nur weil wir Fragen stellen, ist menschenunwürdig. Die Kommunikation ist so anstrengend, die Infos derart mangelhaft. Kaum einer will offen mit uns reden.«

»Es ist größtenteils Unsicherheit«, meinte Bertram.

»Die Leute wissen einfach nicht, was sie sagen und wie sie uns begegnen sollen. Mit Beileidsbekundungen? Mit Mitleid? Mit schönen Worten? Ich persönlich kenne keine Person deren Tochter oder Sohn auf so tragische Weise ums Leben gekommen ist. Keine! Wenn ich ganz ehrlich bin, würden mir auch die richtigen Worte fehlen. Schließlich will man auch nicht ins Fettnäpfchen treten.«

»Ja, die sogenannte falsche Rücksichtnahme.« Ich stand von der Couch auf und holte mir eine Packung Salzstangen. Dann kuschelte ich mich wieder in Bertrams Arme. Das Gespräch mit ihm hatte mir gutgetan. In meinem Gedankenlabyrinth erblickte ich in der Ferne einen schmalen Ausgang. Das Leben musste wieder einen Sinn für mich und all die anderen Betroffenen bekommen. Ich war mir sicher, dass das der Weg war, den ich gehen musste. Am kommenden Morgen würde ich mir ein großes Stück Tapete auf den Boden legen und eine Mindmap erstellen. Meine Gedanken und die Ideen auf dem Papier festhalten. Doch jetzt wollte ich mich ganz auf Bertram einlassen. Ihn streicheln, lieben und für immer festhalten.

Am nächsten Morgen, es war kurz nach sechs und draußen regnete es in Strömen, kniete ich auf dem Boden im Wohnzimmer. Vor mir eine Tasse mit herrlich duftendem grünem Tee und ein riesiges Stück weiße Tapete. Ich wollte alles aufschreiben, was mir in den letzten Tagen durch den Kopf gegangen ist. Die Ideen purzelten nur so und ich hatte Mühe, alles einigermaßen zu ordnen. Blaue, gelbe, grüne und rosafarbige Textmarker halfen mir. Namen von Kontakten und Behörden, dazu Kreise, Pfeile und viele Verbindungsstriche. Es entstand eine Mindmap, die fast schon ein Kunstwerk darstellte, denn ich wollte persönlichen Kontakt zu Betroffenen aufnehmen. Frau Dr. Buchwaldt mit ins Boot nehmen, den Polizeipräsidenten anschreiben, die griechischen Behörden anmahnen, damit die Infos nach Deutschland gesendet werden. Es ging besonders um den Obduktionsbericht, der angeblich fertig wäre, aber irgendwo im Polizeiapparat Athens verschwunden sei.

Ist zurzeit nicht verfügbar!

So lautete es in der Mail, die Frau Dr. Buchwaldt bekommen hatte. Außerdem wollte ich die Bestattungsämter fragen, wie es mit einer Überführung einer bereits beigesetzten Person sei, und ich wollte wissen, wie und vor allem, warum Luzie gestorben war oder sterben musste. Denn ich zweifelte an der Suizid-Theorie. Details, Fakten, Fotos fehlten und die brauchte ich. Vollkommen im Element erschrak ich leicht, als Bertram gähnend ins Zimmer kam.

»Wird das etwa das neue U-Bahn-Netz von Berlin?«, meinte er amüsiert.

Das wurde es natürlich nicht, aber ich war heilfroh, diese Skizze gemacht zu haben.

»Ich möchte Menschen zusammenführen, die in einer ähnlichen Situation sind wie wir. Die Menschen müssen einen Leitfaden bekommen, wie sie sich selbst helfen können. Ich will keinen therapieren oder ihm Verhaltensrezepte geben. Das kann ich nicht. Aber ich kann Hilfe zur Selbsthilfe geben. Verstehst du mich? Das wiederum kann ich aber nur, wenn ich meine Gedanken strukturiere. Nenn es von mir aus U-Bahn-Netz. Ich nenne es zurzeit: kunterbunte Gedanken. Vielleicht fällt mir noch etwas Besseres ein. Oder dir?« Ich beobachtete Bertram, der gedankenverloren auf das Stück Tapete schaute.

»Ich brauche erst einmal einen Kaffee«, sagte er.

»Deine Betriebsamkeit hat mich zu so früher Stunde irritiert. Aber das soll nicht heißen, dass ich deine Ideen nicht für gut halte. Ich finde es sogar klasse, was du vorhast. Aber jetzt muss ich erst einmal richtig wach werden.«

»Ich koche uns Kaffee. Weißt du, das Geschehene ist so unwiderruflich, so ...«, ich musste schlucken, denn es war so wahnsinnig schwer, Worte für das Böse zu finden. »Es darf aber einfach nicht sein, dass unser Leben jetzt auch zu Ende ist. Ich habe das Gefühl, jemand klopft ständig an meine Stirn, so wie ein Specht, und will mir sagen, dass das Leben weitergehen wird. Und weitergehen muss. Übrigens werden wir bald Großeltern. Dieses Gefühl gibt mir Kraft und Energie, etwas zu machen. Ein neues Menschenleben. Das ist einfach wunderbar.« Ich zog die Nase hoch, um die aufsteigenden Tränen zu bändigen.

Der Duft von frisch gekochtem Kaffee durchzog unsere Wohnung. Wir saßen uns am Tisch gegenüber, schauten uns an und es brauchte keiner weiteren Worte. Ich wusste, dass das Band, das Bertram und mich umschlang, unheimlich stark war.

Eine wohltuende Stille, ein Moment der Ruhe, den ich genoss. Plötzlich sprang Bertram vom Stuhl auf.

»Puh, ich muss mich beeilen. Ist schon fast sieben. Ich dusche rasch und hole mir ein belegtes Brötchen beim Bäcker. Ich möchte nicht zu spät zur Teambesprechung kommen.« Er eilte aus der Küche und ich hörte kurze Zeit später das Prasseln des Duschwassers, dann das Surren des Föhns, den Bertram jeden Morgen betätigte, obwohl seine Haare mittlerweile sehr an Fülle verloren und auch ohne Föhn im Nu trocken wären. Dann vernahm ich das Brummen der Toilettenspülung. Er verließ das Bad in Windeseile, schnappte sich den Mantel, schlüpfte in die warmen Schuhe, gab mir einen Luftkuss und verließ hastig das Haus. Jetzt war ich allein. Allein mit mir, meinen Gedanken und dem Stück Tapete, welches als bunter Farbtupfer den Boden schmückte.

Ganz oben auf der Mindmap stand der Punkt: *Kontaktaufnahme.* In Latein war ich in der Schule nie die Beste, aber ich wusste, dass das Wort Kontakt von dem lateinischen »contingere«, also berühren abstammte. Ja, um überhaupt etwas in die Wege zu leiten, was genau war mir eigentlich noch gar nicht klar, musste ich die Menschen »berühren«. Sie ansprechen, unsere Geschichte erzählen und dem anderen zuhören. Das, was Bertram so wunderbar konnte: einfach nur zuhören. Ich war in dieser Sekunde felsenfest davon überzeugt, dass dies der einzig richtige Weg sei.

Auf dem Tapetenstück malte ich einen fetten Kreis um den Namen Frau Dr. Buchwaldt. Mit ihr wollte ich über meine Gedanken sprechen. Dazu musste ich einen Termin machen, und zwar sofort. Kaum hatte ich meinen Namen am Telefon gesagt, fing sie an mich auf den neuesten Stand zu bringen.

»Frau Lange, guten Morgen. Von den griechischen Behörden sind immer noch keine weiteren Informationen bei mir eingegangen. Die von mir gesetzte Frist ist abgelaufen. Ich werde denen jetzt mehr Druck machen.«

»Frau Dr. Buchwaldt«, unterbrach ich sie. »Ich möchte gerne einen Termin für ein Gespräch. Denn ich habe eine Idee, die ich selbst noch nicht ganz ausformulieren kann. Wäre das möglich?«

»Meine Mitarbeiterin hat sich heute früh krank gemeldet, deswegen bin ich selbst am Telefon. Ich schaue mal in den Kalender. Oh, ich sehe gerade, dass ein Termin kurzfristig abgesagt wurde. Können Sie in einer halben Stunde bei mir sein?«

Ich schaute an mir hinunter. Ich war noch im Schlafanzug. Nicht geduscht, nicht gekämmt. Das würde eine Herausforderung werden, dachte ich.

»Das schaffe ich!«, rief ich in den Hörer. Beendete das Gespräch und raste ins Badezimmer.

Fünfunddreißig Minuten später befand ich mich vor der Kanzlei. Zwar standen meine Haare zu Berge, denn die nötige Zeit fehlte mir, um sie in Form zu bringen. Der Schal passte farblich absolut nicht zum Mantel und die Schuhe trug ich normalerweise nur im Garten oder wenn ich Müll nach draußen brachte. Aber das war mir schnuppe. Mir ging es um etwas ganz anderes. Um mehr!

Ganz außer Atem begrüßte ich Frau Dr. Buchwaldt. Sie führte mich in ihr Büro, hantierte an der Kaffeemaschine und ließ mir so die nötige Zeit, um einmal durchzuatmen.

»Sie kennen die Situation, die uns aus der Bahn geworfen hat. Wissen im Grunde alles, was uns quält und zur Verzweiflung bringt. Daher möchte ich gerne mit Ihnen etwas durchsprechen. Genauer gesagt, ich möchte Ihnen eine Idee vorstellen, die mich, seit Tagen umtreibt. Bertram habe ich bereits alles erzählt und er meinte, es wäre eine Idee, die nicht nur uns, sondern vielleicht auch anderen Familien oder Betroffenen helfen könnte.« Ich nahm dankend die mir gereichte Tasse Kaffee an und schüttete etwas Milch hinein.

»Ich möchte, dass Betroffene, egal ob sie mit dem Suizid ihres Partners, mit dem Tod ihrer Tochter, mit einem Verbrechen, wo ich wahrscheinlich gerade keine Vorstellung von habe, fertig werden müssen. Egal. All die Menschen brauchen Hilfe. Denn ich denke nicht, dass wir als betroffene Angehörige die Einzigen sind, denen praktische Hilfe verwehrt wird. Vielleicht drücke ich mich falsch aus. Sie helfen uns ja auch!

Juristisch. Ohne Sie wüssten wir nicht, was wir machen sollten.« Ich trank einen Schluck Kaffee.

»Aber ich habe, vor allem in der ersten Zeit gehofft oder mir gewünscht, dass jemand einfach da ist. Eine Anlaufstelle oder so etwas. Verstehen Sie mich? Alle Personen um uns herum litten ja selbst. Keiner ist in dem Moment so stark, einen anderen zu stützen. Das verstehe ich natürlich.« Unsicher schaute ich Frau Dr. Buchwaldt an. Sie hatte mir zugehört, ohne mich zu unterbrechen.

»Eine Art Treffpunkt, bei dem ich mit anderen reden, ihnen zuhören kann, aber mir auch zugehört wird. Wo ich vielleicht Hinweise bekomme, wie ich mich verhalten, wie ich selbst wieder auf die Beine kommen kann. Wie ich mit dem Geschehenen umgehen kann, ohne dass meine Existenz allzu sehr bedroht wird. Ich möchte mit Leuten reden, die von Selbstmordgedanken übermannt werden. Ich muss zugeben, die quälten mich auch. Aber irgendwie muss das Leben weitergehen. Oder?« Ich holte tief Luft. »Ich möchte, dass der Tod unserer Tochter nicht umsonst war. Das sie weiterlebt in dem, was wir machen. Puh, wahrscheinlich denken Sie, ich hätte zu Hause Brabbelwasser getrunken.«

Ich versuchte zu lächeln, was mir schwerfiel. Doch ich war erfreut, wie interessiert Frau Dr. Buchwaldt mir zugehört hatte. Sah ihr aufmunterndes Nicken und erblickte einen Notizblock, auf dem sie sich einzelne Punkte aufgeschrieben hatte, während ich meinen Monolog hielt.

»Sie sind eine starke Frau!« Sie schaute mir lange in die Augen. »Das meine ich ehrlich. Ich habe täglich mit Menschen zu tun, die wie sie ein unfassbares Schicksal ereilt hat. Die keinen Ausweg sehen, verzweifeln, sich fragen, ob sie nicht selbst Hand anlegen sollen. Selbstjustiz ist oft deren Antriebskraft, um weiterzuleben. Was absolut nicht geht. Selbstjustiz ist strikt verboten. Oft gebe ich den Betroffenen Adressen von Psychologen, Therapeuten und Ärzten. Aber ob sie dort dann die nötige Unterstützung bekommen, ist fraglich. Ihre Idee hat mich beeindruckt. Sagen Sie mir, wie ich Sie unterstützen kann, ich habe jede Menge Kontakte. Es fängt ja ganz pragmatisch mit einem Ort an, an dem man sich treffen möchte. Ein Raum, eine Wohnung.«

»Ja, es muss ein Ort sein, an dem man sich wohlfühlt, an dem man bereit ist, zu erzählen, zuzuhören, auf den anderen eingehen kann. Ich möchte kein Treffen haben unter dem Motto: Jetzt bemitleiden wir uns erst einmal. Nein! Sondern die Hilfe zur Selbsthilfe.« Ich war vollkommen in meinem Thema.

»Genial, Frau Lange. Hilfe zur Selbsthilfe. Man kann sich treffen, um zu reden, aber auch um vielleicht zusammen zu malen, gemeinsam Tee zu trinken oder um Musik zu hören. Wäre das in etwa so, wie Sie es sich vorstellen?«

Ich überlegte einen Moment. »Ja, es müsste eine Anlaufstelle sein, in der man etwas Halt bekommt. Nicht alleine mit seinem Schicksal ist. Vielleicht sogar einen Weg findet, um aus der unendlichen Verzweiflung herauszukommen. Schließlich ist das Leben aller, die im Dunstkreis der Betroffenen leben, unwiederbringlich zerstört. Ich spreche aus eigener Erfahrung. Zurzeit ist bei uns der einzige Lichtblick der, dass unsere Tochter demnächst selbst Mutter wird.« Mir stiegen Tränen in die Augen. Ich atmete tief ein und versuchte die Tränen durch Blinzeln zu unterdrücken.

»Martina bekommt ein Baby. Luzie hätte sich wie irre gefreut. Sie und Martina waren immer ganz dicke miteinander. Darf ich mich eigentlich als Trauernde auf so ein Ereignis freuen? Ich habe jedes Mal ein schlechtes Gewissen.« Ich biss mir auf die Unterlippe, denn die Vorfreude auf den neuen

Erdenbürger war riesig, aber die Trauer überschwappte dieses Gefühl so oft.

»Freude auf so ein bevorstehendes Ereignis ist für Ihre Seele bestimmt heilsam. Das ungeborene Kind kann nichts für das fürchterliche Verbrechen. Lassen Sie die Freude zu, Frau Lange.«

Ich nahm den letzten Schluck Kaffee, wollte mich gerade für das Gespräch und die aufmunternden Worte bedanken, da durchbrach der Klingelton des Telefons die Stille. Frau Dr. Buchwaldt eilte an den Schreibtisch, schaute dabei auf die Armbanduhr und ich hörte, wie sie in den Hörer sagte: »Ich erwarte Sie in einer viertel Stunde.«

Sie kam zu mir, setzte sich aber nur auf die Stuhlkante.

»Gleich habe ich einen Mandanten, daher müssen wir das Gespräch beenden. Ich werde Sie unterstützen, wenn Sie nichts dagegen haben. Ihre Idee ist grandios, habe ich bereits gesagt. Versuchen Sie Kontakt zu Betroffenen aufzunehmen. Betroffene, die hier in Berlin wohnen. Ich darf natürlich keine Adressen rausgeben, aber wenn Sie die Zeitungen aufschlagen, dann werden Ihnen prägnante Fälle in die Augen stechen. Versuchen Sie eine vorsichtige Kontaktaufnahme, versuchen Sie ein Gespräch mit den Betroffenen zu bekommen. Wenn es Schwierigkeiten gibt, denn die Menschen sehen in jedem nur einen potenziellen Presse-Heini oder Neugierige, die sich an dem Leid anderer ergötzen, dann melden Sie sich. Ich könnte über Ihr Projekt, ich bezeichne es jetzt einfach mal so, erzählen und versuchen, die Kontakte herzustellen. Wir können uns gerne in der nächsten Woche zu einem weiteren Gespräch treffen. In der Zeit lasse ich meinen Gedanken freien Lauf und hoffe, ich kann dann konkrete Vorschläge präsentieren. Das schaffen Sie! Sie und Ihre Familie!« Sie reichte mir die Hand.

»Das müssen wir schaffen! Danke.« Ich lächelte Frau Dr. Buchwaldt an. Sie nickte mir aufmunternd zu.

Zufrieden mit dem Gespräch und voller Pläne im Kopf verließ ich die Kanzlei. Die kalte Winterluft tat mir gut. Ich zog den Schal enger um den Hals und hatte eigentlich vor, direkt nach Hause zu fahren, aber irgendetwas hinderte mich. Ganz in Gedanken ging ich durch die Seitenstraßen und stand vor dem Café, in dem ich mit Bertram vor ein paar Wochen saß, nach unserem ersten Termin mit Frau Dr. Buchwaldt. Ein Cappuccino würde mir jetzt guttun, dachte ich und öffnete die Eingangstür. Warme Luft und leise Musik empfing mich. Ich ließ meine Augen schweifen. Entschied mich für einen kleinen Tisch im hinteren Bereich und setzte mich auf den Stuhl. Mit beiden Händen strich ich die strubbeligen Haare glatt und legte den Schal zur Seite.

»Ich bekomme einen großen Cappuccino und ein Stück Käsekuchen, bitte«, sagte ich der Bedienung und rieb meine Hände, um sie etwas aufzuwärmen. Ich mochte den Winter. Besonders dann, wenn es über Berlin schneite und die Stadt unter einer Puderzuckerschicht lag. Das war heute zwar nicht der Fall, doch die frostige Kälte zeigte, dass der Frühling noch weit entfernt war. Die Bedienung brachte den Kuchen und den Cappuccino. Vorsichtig schöpfte ich etwas Milchschaum auf den Löffel und ließ diesen im Mund zergehen. Wie schön wäre es, wenn Luzie jetzt neben mir sitzen würde und wir über dies und das diskutieren könnten. Selten waren wir einer Meinung gewesen. Vor allem als sie in der Pubertät war, gab es kaum einen Tag, an dem es nicht zwischen uns gekracht hatte. Richtig entfremdet hatten wir uns. Ich war so gar nicht mit dem einverstanden, was sie machte, wie sie sich anzog und welche Pläne sie von ihrem Leben hatte.

Allerdings hatte sich unser Mutter-Tochter-Verhältnis in den letzten Monaten vor ihrem Tod zum Positiven entwickelt. Wir konnten miteinander reden, ohne dass wir uns gleich an die Gurgel sprangen. Luzie hörte mir sogar zu, ohne mich nach jedem zweiten Wort zu unterbrechen. Sie gab mir in vielem recht und wollte zurück nach Berlin. Weg von dem Mann, der sie so quälte. Ich bestärkte sie darin.

»Wenn ein Mann seine Persönlichkeit durch Brutalität und Gewalt definiert, dann musst du als Frau stärker sein und einen radikalen Schlussstrich ziehen. Trenne dich von ihm, denn kein Mensch hat das Recht, einen anderen zu schlagen! Keiner!«

Gedankenverloren stocherte ich in dem Käsekuchen, als ich eine Stimme neben mir hörte.

»Dürfen wir uns zu Ihnen an den Tisch setzen? Allerdings möchten wir Sie nicht stören oder aufdringlich sein.«

Ich schaute hoch und sah die Herrschaften, die ich damals im Treppenhaus der Kanzlei und später in diesem Café gesehen hatte. Der Mann hatte die Frage gestellt und die Frau neben ihm umklammerte mit beiden Händen den Griff ihrer Handtasche.

»Erinnern Sie sich an uns?«, fragte er jetzt, denn mein Blick war wohl mehr als erstaunt.

»Ja, ja ... Entschuldigung.« Ich fuhr mir mit den Händen durch die Haare. »Ich war in Gedanken. Ganz woanders. Setzen Sie sich. Bitte.« Ich hatte mich wieder gefangen und lächelte freundlich.

»Ein heißer Cappuccino tut in dieser kalten Jahreszeit richtig gut. Und der Kuchen ist einfach köstlich«, plauderte ich, um die Situation etwas aufzulockern. Nachdem die Bedienung die Bestellung der beiden Neuankömmlinge aufgenommen und ich mir einen Espresso bestellt hatte, saßen wir drei an diesem Tisch und schwiegen. Es war kein unangenehmes Schweigen, fand ich. Eher ein hilfloses, dem ich ein Ende setzte, als unsere Bestellung auf dem Tisch stand und ich den Zucker im Espresso verrührte.

»Ich habe Sie vor ein paar Wochen einfach angesprochen, weil Sie ... wie soll ich sagen ... so traurig aussahen. Ich wollte nicht neugierig sein. Jetzt sprechen Sie mich an. Das finde ich gut. Darf ich mich kurz vorstellen? Ich heiße Ruth Lange und Frau Dr. Buchwaldt ist unsere Rechtsanwältin.«

Der Mann schaute mir in die Augen. Seine Augen sahen so traurig, so verzweifelt aus, dass ich eine Gänsehaut bekam. *Was mochten er und die Frau wohl durchgemacht haben?*, fragte ich mich. Wie können Augen so gebrochen aussehen? Aus ihnen schaute die pure Verzweiflung. Ich schluckte. Mein Mund war trocken. Ich hatte das Gefühl, diese Begegnung war kein Zufall. Konnte kein Zufall sein. Ich nahm einen winzigen Schluck Espresso und sprach einfach weiter.

»Frau Dr. Buchwaldt ist eine sehr kompetente Frau. Nicht nur im juristischen Sinn. Auch menschlich. Bertram, mein Mann, und ich fühlen uns bei ihr gut beraten und gut aufgehoben. Ich war gerade noch bei ihr und wir hatten ein wirklich konstruktives Gespräch.«

»Sie wirken sehr stark«, sagte die Frau mit leiser Stimme. »Ich war bis vor drei Jahren Managerin in einer Kosmetikfirma. Da war ich auch so wie sie. Stark und selbstbewusst. Aber jetzt ...« Sie verstummte. Ich stellte mir die Frage, wie ich in diesen zusammengewürfelten Klamotten und der zerzausten Frisur stark und selbstbewusst aussehen konnte. Ich kämpfte ständig mit den aufsteigenden Tränen, bekam den Tag nur mit größter Mühe geregelt, schlief kaum in der Nacht, hatte schwarze Ringe unter den Augen, fahle Haut und hatte immer die Bilder von Luzie im Kopf. Immer!

»Das täuscht«, sagte ich leise. »Ich wünschte, ich wäre stark. Bin ich aber nicht.«

Der Mann ergriff das Wort.

»Ich heiße Werner Löschner und das ist meine Frau Karola. Wir sind auch Klienten von Frau Dr. Buchwaldt, wie Sie sich vielleicht denken können. Im Treppenhaus sind Sie und Ihr Mann mir bereits aufgefallen. Sie sahen traurig und deprimiert aus. Ich habe Frau Dr. Buchwaldt gefragt, wer Sie sind, aber natürlich hat sie ihre Schweigepflicht nicht gebrochen. Sagte nichts. Wir gehen immer in dieses Café, wenn wir hier in der Gegend sind. Hier kann man ungestört sitzen und wird nicht so schnell erkannt.« Ich stutzte. Erkannt? Müsste ich die beiden kennen? Aus dem Fernseher oder der Zeitung? Löschner! Ich überlegte krampfhaft, aber mir fiel nichts im Zusammenhang mit dem Namen ein.

»Sie schauen sehr irritiert«, sprach er weiter und ergriff die Hand seiner Frau. »Wir sind auf der Suche nach unserer Tochter.« Er drückte die Hand seiner Frau fester, sodass diese kurz zusammenzuckte und er sofort seinen Griff lockerte.

»Tut mir leid«, murmelte er.

»Sie suchen Ihre Tochter?«, wiederholte ich seine Worte, um den Gesprächsfaden wieder aufzunehmen. Er nickte und senkte den Blick.

»Ja. Lydia.« Seine Frau erschauderte, als der Name fiel und ihr Gesicht wurde kreideweiß. Ich ahnte Fürchterliches. Wollte ich in diesem Moment wirklich eine Geschichte hören, die anscheinend von unendlichem Leid geprägt war? Ich schaute die beiden an. Hatte sie erst zum zweiten Mal in meinem Leben gesehen und trotzdem schien uns etwas zu verbinden. Etwas Grausames. Löschner ... In den letzten Monaten drehte sich alles um Luzies Tod. Andere Menschen,

Probleme, Geschehnisse ließ ich an mir abprallen. Den Namen Löschner konnte ich nicht mit Inhalt füllen.

»Möchten Sie mir mehr über die Suche Ihrer Tochter erzählen? Ich kann Ihnen bestimmt nicht helfen, aber ich kann zuhören«, sagte ich mit Vorsicht. Und das tat ich, als Herr Löschner zu erzählen anfing.

»Es war der 12. November vor zehn Jahren. Lydia, sie war eine Woche zuvor vierzehn geworden, hatte sich am Nachmittag mit einem Freund am Alexanderplatz verabredet. Shoppen wollten sie und abends etwas essen gehen. Gegen zweiundzwanzig Uhr sei sie wieder zu Hause, sagte sie zum Abschied. Aber sie kam nie zu Hause an.« Herr Löschner schwieg und schaute seine Frau an, die ihre Hände ineinander verschränkt hatte. Ihre Lippen hatte sie zusammengepresst. Sie kämpfte mit aufsteigenden Tränen. Ich auch. Doch ich wollte mehr wissen und wartete, bis Herr Löschner weitersprach.

»Lydia wäre jetzt vierundzwanzig. Meine Güte. Seit zehn Jahren gibt es kein Lebenszeichen von ihr. Die Ungewissheit macht uns fertig.«

»Hat die Polizei nach Ihrer Tochter gesucht?« Kaum hatte ich die Frage gestellt, war mir klar, wie dumm und unsensibel ich war.

»Was denken Sie denn?« Herr Löschners Stimme wurde laut. Erregt schaute er mich an. »Die Polizei Berlin hat alles gemacht. Wirklich alles.« Seine Stimme hatte sich wieder beruhigt.

»Lydias Fall wurde vor zwei Jahren in die »Cold Case« Datenbank eingepflegt. Die kriminaltechnischen Methoden werden immer präziser. Man hat ihre letzten Stunden vor dem mysteriösen Verschwinden nachstellen können. Bis circa zwanzig Uhr an jenem Tag. Dann verlor sich ihre Spur. Ihre

Geldbörse fand man einige Tage später auf der Damentoilette im KaDeWe. Alle Medien berichteten über ihr spurloses Verschwinden, sogar die Sendung Aktenzeichen XY ... ungelöst hat den Fall gezeigt. Vielleicht findet sich ja noch eine Spur unserer Tochter.«

»Ich halte diese Ungewissheit nicht mehr aus«, kam es bedrückt aus Frau Löschners Mund. »Ich kann einfach nicht mehr. Und keiner sieht, wie wir leiden. Die Suche, die ganzen Ermittlungen laufen professionell ab, eine Psychologin wurde uns zur Seite gestellt ... Aber wir kommen einfach nicht klar mit unserem Leben. Wir hoffen, wir verzweifeln, wir trauern, wir beten, wir leben wie in einer Seifenblase. Irgendwann macht es peng und dann?«

Sie schaute mich jetzt direkt an. Ich sah in ihre eigentlich wunderschönen blauen Augen, die aber hinter einem Schleier von Verzweiflung, Angst und Trauer nur noch zu funktionieren schienen. Nicht strahlten, nicht fragten, nicht lachten.

»Selbst Freunde, Nachbarn, Familienangehörige wenden sich von uns ab. Keiner versteht unser Leiden. Die Zeit würde alle Wunden heilen, sagen sie ... Ha, das klingt so sarkastisch. Es ist nicht so. Die Wunde bleibt. Ein Leben lang. Es tut so verdammt weh.«

»Ich glaube wir müssen gehen.« Herr Löschner winkte die Bedienung herbei. »Wir haben gleich einen Termin bei Frau Dr. Buchwaldt. Die ganzen Formalitäten überfordern uns. Nett Sie kennengelernt zu haben. Und dass Sie uns zugehört haben. Das ist nicht selbstverständlich. Dabei konnten Sie gar nichts von sich erzählen. Darf ich Ihnen meine Karte geben. Nur so. Vielleicht treffen wir uns auch zufällig wieder. Hier im Café. Und dann hören wir Ihnen zu.«

»Danke.« Ich nahm die Karte und wünschte alles Gute. Kurze Zeit später verließ auch ich das Café. Mein Kopf war voll. Voller Gedanken, die mich berührten.

Zuerst das Gespräch mit unserer Rechtsanwältin dann die Begegnung mit dem Ehepaar Löschner. Ich musste mich beherrschen, um nicht laut auf der Straße zu schreien, denn das Bewusstsein, dass ein Mensch oder mehrere es schafften, das Leben einer ganzen Familie von Grund auf zu zerstören brachte mich zum Wahnsinn.

Ich schritt an den Häuserfronten entlang, ließ den kalten Wind durch meine Haare fegen und kam zu dem Entschluss: Ich muss etwas machen, ehe auch wir, Bertram, unsere Kinder und ich dem Leidensdruck nicht mehr standhalten können und daran zugrunde gehen.

Die Entstehung

Kaum war ich zu Hause, die Schuhe und den Mantel ausgezogen, Wasser für einen Tee aufgesetzt, da hockte ich auch schon wieder auf dem Boden und schaute mir das Stück Tapete an. Den ersten Schritt, Frau Dr. Buchwaldt von meinen Ideen zu unterrichten, hatte ich gemacht und der zweite Schritt hatte sich, jedenfalls ein bisschen, verselbstständigt. Denn in diesem Schritt wollte ich Betroffene und Angehörige von Verbrechensopfern kennenlernen. Familie Löschner kam da wie gerufen. Zufall, fragte ich mich? Oder einfach eine Fügung. Ich kramte die Visitenkarte aus der Tasche und las: *Dr. Karl Löschner, Radiologe.*

Ich ging zum Computer und gab den Namen ein. Sofort ploppten Nachrichten auf, die mich berührten: *Wo ist unsere Tochter? Lydia: Seit zehn Jahren spurlos verschwunden. Wer hat Lydia gesehen? Warum hilft uns keiner?*

Ich hatte nichts über diesen Vermisstenfall mitbekommen. Weder durch die Presse noch durch das Fernsehen, aber vor zehn Jahren hatte ich alle Hände voll zu tun. Kinder, Beruf und Weiterbildungen. Und in den letzten Monaten war ich selbst wie in einer Blase. Es ging um Luzie, ihren Tod, den ich nicht als Suizid akzeptierte, die viel zu rasche Beisetzung, ohne uns zu informieren, die lästigen Formalitäten, die uns teilweise in griechischer Sprache erreichten und Wort für Wort übersetzt werden mussten. Es ging um die Obduktionsberichte, die durch Frau Dr. Buchwaldt angefochten wurden, da das Ganze zu unpräzise und oberflächig war. Dazu große rechtsmedizinische Lücken aufwies und die Überführung des Leichnams nach Berlin erst einmal nicht möglich war. Ich zweifelte an der Kompetenz der griechischen Polizei und verstand nicht, warum keiner diesen Kóstas ins Visier nahm. Denn ich war hundert Prozent davon überzeugt, dass er an Luzies Tod beteiligt gewesen sein musste. Die Haustür wurde aufgeschlossen und ich hörte Bertram im Flur.

»Boah, was ist das eine Kälte draußen.« Ich bekam mit, wie er seine Schuhe aufs Schuhregal legte, den Mantel auf den Bügel hängte und dann ins Wohnzimmer kam.

»Hockst du seit heute Morgen hier auf dem Boden, Liebes?«

Ich drehte mich zu ihm hin und sah in seine erstaunten Augen. Mit meinen zerzausten Haaren und dem ollen Pullover muss ich wirklich einen eigenartigen Eindruck gemacht haben.

»Soll ich einen Arzt holen?«, folgte die Frage.

»Einen Arzt?«, rief ich überrascht. »Warum? Nur weil ich es nicht geschafft habe, meine Haare ordentlich zu kämmen? Nein, nein. Bei mir ist alles gut. Ich hatte ein sehr konstruktives Gespräch mit Frau Dr. Buchwaldt und dann war ich in dem Café, in dem wir vor ein paar Wochen auch waren. Du erinnerst dich? Und wen, denkst du, habe ich da kennengelernt?« Ich platzte fast vor Mitteilungsdrang.

»Kannst du mir alles nach dem Essen erzählen. Ich schmiere mir zuerst ein paar Butterbrote. In der Kantine gab es heute Eintopf und den esse ich nicht ganz so gerne.« Damit drehte er mir den Rücken zu und schritt in die Küche.

»Was hat denn das Gespräch mit der Frau Doktor ergeben?«, rief er mir über die Schulter zu und hantierte am Kühlschrank. Ich folgte ihm in die Küche und nahm mir eine Tomate aus dem Gemüsefach. Mit dem Rücken stellte ich mich an den Türrahmen, biss in die Tomate.

»Frau Dr. Buchwaldt war sehr angetan von meinen Ideen und würde uns unterstützen, sagte sie. Wichtig wäre die Kontaktaufnahme zu anderen Betroffenen. Gespräche führen und so. Und dann treffe ich im Café doch tatsächlich dieses Paar, mit denen wir bereits einige Worte gewechselt hatten. Das Ehepaar kam zu mir an den Tisch. Wahnsinn, oder?«

»War denn sonst kein Platz frei?«

Ich überlegte. Eigentlich schon. Aber sollte ich jetzt nachforschen, warum die beiden mich angesprochen haben? Ich steckte mir das restliche Tomatenstück in den Mund, nuschelte kauend. »Interessiert es dich nun, wer das ist?«

»Klar doch.« Bertram hatte sich drei Scheiben Schwarzbrot mit Camembert belegt und schaute mich zufrieden, aber neugierig an. »Erzähl schon.«

Ich berichtete ihm von der seit Jahren vermissten Tochter, die unendlichen Qualen, die die Eltern seit zehn Jahren begleiteten, und nannte ihm den Namen Löschner.

»Hast du von diesem Fall gehört? Mir war er nicht bekannt.«

Bertram kaute auf seinem Brot.

»Der Fall kommt mir bekannt vor. Ging damals durch die gesamte Presse. Ganz fürchterlich. In den letzten Jahren wurde es stiller. Kaum noch Pressemitteilungen. Kein Wunder, dass die beiden derart bedrückt und deprimiert aussahen. Für die Familie ist es eine lebenslange Tortur. Ganz grausam. Und die haben dir einfach davon erzählt?« Erstaunt sah er mich an.

»Hm, ja. Ich hatte das Gefühl, zwischen uns war ein unsichtbares Band, welches uns zusammenführte. Gibt es so etwas?« Ich zuckte mit den Schultern.

»Vielleicht bilde ich es mir auch nur ein, aber es war schon seltsam. Als ob jemand uns zusammenführen wollte. Ich glaube ja nicht an Gott und dem ganzen Zinnober, aber ...«

Es wurde still im Wohnzimmer. Jeder von uns ging seinen Gedanken nach. Eine wohltuende Stille. Bertram ergriff meine Hand.

»Wir zwei werden es schaffen. Gemeinsam!«

Ich lehnte den Kopf an seine Schulter. Das tat gut. Lange währte die Ruhe nicht. Das Telefon schellte.

»Hallo Martina«, begrüßte ich unsere Tochter und stellte das Gespräch laut. »Schön, dass du uns anrufst. Wie schaut es aus?«

»Ich war gerade beim Ultraschall und konnte es genau sehen. Wir bekommen einen kleinen Jungen. Ich bin so glücklich«, erzählte sie ganz aufgeregt. »Wir werden ihn Lukas nennen. Klingt so ähnlich wie Luzie, oder? Ich komme am Wochenende vorbei und zeige euch die Aufnahmen von der Untersuchung. Dann könnt ihr selber sehen, dass es ein Junge ist. Bis bald.« Weg war sie. Ich legte das Telefon zurück auf die Ladestation.

»Ein Baby ist für mich immer wieder ein Wunder der Natur. Ich kann es noch gar nicht fassen. Wir werden Großeltern.« Wehmütig schaute ich auf das Foto, das auf dem Bücherregal stand. Unsere vier Kinder hatten ein Eis in der Hand. Glücklich sahen sie aus. Zufrieden. Als ob es überhaupt nichts Böses auf der Welt geben würde.

Dabei war das Böse gerade bei uns eingekehrt und stellte uns vor die härteste Aufgabe: weiterleben!

Ich setzte mich an meinen Computer und gab folgende Schlagworte ein: Mord, Vermisstenfall, Entführung. Ein Fall nach dem anderen ploppte auf, nahm mich in den Bann, ließ mich beim Lesen des Geschehenen verzweifeln, weinen, wütend werden.

»Warum gibt es so widerliche Menschen die anderen so viel Leid zufügen? Warum?«, rief ich ins Zimmer. Bertram hatte den Fernseher angemacht und schaute sich ein Fußballspiel der dritten Liga an.

»Quäle dich doch nicht mit anderen Schicksalen. Wir haben genug um die Ohren.« Gebannt schaute er wieder auf die Mattscheibe.

»Ja, ich weiß. Aber ich habe das Gefühl, dass ich nur mit meinem eigenen Trauma fertig werden kann, wenn ich mich mit anderen zusammentue. Wenn wir als Betroffene uns gegenseitig Halt geben, uns zuhören, an die Öffentlichkeit gehen und Aufmerksamkeit schaffen. Wir sind die Opfer. Lebenslang. Und dies müssen wir den Menschen vermitteln, damit sie uns und unser Schicksal akzeptieren. Uns nicht ausgrenzen, was leider geschieht. Oft denke ich aus Unsicherheit oder Angst, man würde etwas Falsches sagen.«

»Wie stellst du dir das vor? An die Öffentlichkeit gehen, meine ich.«

»So weit bin ich noch gar nicht. Als Erstes muss ich Kontakte mit Betroffenen knüpfen. Familie Löschner werde ich anrufen und fragen, ob sie sich ein derartiges Projekt vorstellen könnten. Hier lese ich den Fall von einer Frau, die jahrelang als Gefangene eines Psychopathen in einem Verlies gefangen gehalten wurde. Sie beschreibt detailliert in einem Interview, wie schrecklich diese Zeit war, sagt aber auch, wie schlimm es in der wiedergewonnenen Freiheit ist. Ihr ganzes Leben sei auf den Kopf gestellt worden. Hinzu kommt, dass Nachbarn, frühere Freunde, Bekannte, den Kontakt zu ihr meiden würden. Die Leute hätten Angst etwas Falsches zu sagen und sagen aus dem Grund lieber nichts. Diskriminierung und

Stigmatisierung nennt sie es. Sie fühle sich als Außenseiterin der Gesellschaft. Als Aussätzige. Sie schreibt auch, dass Hilfsorganisationen, die es ja durchaus gibt, oft nicht in der Lage sind, emotional und hilfreich zu unterstützen und zur Seite zu stehen.« Ich atmete tief durch. »Weißt du, genau das sollte in dem Projekt, welches mir im Kopf herum schwirrt, an erster Stelle stehen. Ich möchte eine Anlaufstelle haben. Einen Ort, an dem Betroffene emotionale Hilfe und Verständnis finden. Wo sie vielleicht auch Adressen von Fachleuten erhalten und Hilfe zur Selbsthilfe. Mensch, ich habe Psychologie studiert und Erfahrungen auf dem Gebiet, wie Leuten geholfen werden kann.« Bertram hatte den Fernseher ausgeschaltet und mir konzentriert zugehört.

»Du weißt aber auch, dass es das Thema Datenschutz gibt. Gerade bei so sensiblen Situationen muss aufgepasst werden.«

»Richtig. Alles muss unter Berücksichtigung des Datenschutzes und natürlich der persönlichen Sicherheit der Betroffenen geschehen. Gleich morgen früh werde ich mit Betroffenen telefonieren.« Ich war froh, dass Bertram meine Ideen ernst nahm und mir zur Seite stand, auch wenn jetzt schon wieder die Stimme des Sportreporters aus dem Fernseher zu hören war.

In den nächsten Stunden saß ich wie gebannt vor dem Computer. Ich hatte Zeitungsartikel, Interviews und Fachzeitschriften gelesen. Brutale Fotos von Verbrechen gesehen und Polizeiberichte durchstöbert. Mir schwirrte der Kopf, die Augen brannten und tränten durch das lange Bildschirmlesen und emotional war ich fix und fertig. Aber ich war so voller Energie, voller Tatendrang, und überzeugt, dass die Idee einer Anlaufstelle für all die Betroffenen, die Hilfe suchten und so dringend brauchten, richtig sein musste.

In der Nacht konnte ich kaum schlafen. Ich wollte nicht an unserem Schicksal zugrunde gehen, wie es anscheinend so vielen Betroffenen zu gehen schien. Ich wollte es nicht zulassen, dass die für mich ungeklärten Umstände von Luzies Tod mein Leben zerstörten. Ich wollte ... Ich wollte so viel und war total erstaunt, als mich Bertram sanft an den Schultern rüttelte.

»Du schläfst ja immer noch wie ein Murmeltier. Ich habe uns bereits Eier gekocht, der Kaffee ist fertig, der Tisch gedeckt. Aufstehen!«

Ich gähnte, rieb mir die Augen und lächelte Bertram an.

»Guten Morgen. Ich husche nur kurz ins Bad. Gieße mir schon mal den Kaffee in die Tasse. Bin sofort in der Küche.«

Wir saßen fast eine Stunde am Frühstückstisch, dann musste Bertram zur Arbeit.

»Was geht in deinem Kopf vor? Du wirkst so nachdenklich?«, fragte er mich, als er den Mantel anzog.

»Ich habe die halbe Nacht über einen passenden Namen gegrübelt.«

»Für wen? Martina hat doch bereits gesagt, dass das Baby Lukas heißen soll.«

»Ich suche keinen Namen für unser Enkelkind. Ich denke, die Gruppe, die ich bilden möchte, mit den betroffenen Angehörigen, die soll einen Namen haben.«

»Du darfst nicht den zweiten Schritt vor dem ersten machen. Du musst zuerst Leute finden, die deiner Idee folgen und dabei sein möchten, dann über einen Namen nachdenken. Nicht umgekehrt. Ich muss los. Bis später.« Er gab mir einen Kuss auf die Stirn und verließ das Haus. Wie so oft musste ich Bertram auch dieses Mal recht geben. Ich sprang unter die Dusche, brachte meine Haare in Fasson und schnappte mir das Telefon.

Der erste Schritt hieß: Kontakt aufnehmen. Ich wählte die Nummer der Familie Löschner. Herr Löschner war am Apparat und schien erfreut zu sein, mich zu hören. Nach einem kurzen Small Talk übers Wetter kam ich direkt zum Punkt. Ich schilderte ihm unsere Situation, die er bisher nicht kannte, hörte zwischendurch immer wieder ein »Oh, mein Gott« oder »Furchtbar« und als ich über die rasche Beisetzung unserer Tochter in Griechenland berichtete, rief er empört: »Das ist ja ungeheuerlich!«

»Herr Löschner, könnten Sie und Ihre Frau sich vorstellen, zu einem Treffen zu kommen, welches ich organisieren würde? Ganz unverbindlich. Ein sich kennenlernen, einander zuhören, wie es anderen in ähnlichen Situationen geht oder einfach gemeinsam schweigen. Zu wissen, dass man nicht allein mit seinem Schicksal ist. Vielleicht besteht ja gar kein Bedarf und ich gehe einer fixen Idee nach, nur weil ich gerne mit anderen reden möchte.«

»Hm ... Karola redet nicht viel. Sie frisst den ganzen Scheiß in sich hinein, anstatt laut zu schreien«, seufzte er in den Hörer. »Oh ... Entschuldigung. Aber so ist es wirklich. Ich spreche mit ihr und hoffe, dass sie mitkommt. Wir bewegen uns im Kreis. Die Hilflosigkeit, die Wut auf das Geschehene, die Hoffnung, dass alles doch noch gut wird. Geben Sie mir bitte Bescheid, wann und wo wir uns treffen.«

Ich war zufrieden mit dem Gespräch und wollte nun einen Vater anrufen, dessen verzweifelten Artikel ich in der Berliner Zeitung gefunden hatte. In diesem Bericht klagte er die Polizei und die Behörden an, dass der Täterschutz viel mehr im Fokus stehen würde als der Opferschutz. Seine Tochter wäre jetzt drei Jahre tot. Ermordet von einem jungen Mann, der seine sexuellen Bedürfnisse ausleben wollte. Ein Zufallsopfer, wie die Polizei später sagte. Niemand, absolut niemand würde sich nach dieser schrecklichen Tat kümmern. Weder um ihn noch um seine Frau, die seitdem unter starken Depressionen litt und auch nicht um die andere Tochter, die bereits mehrmals die Schule wechseln musste, weil sie sozial auffällig war. Niemand wäre für die Familie zuständig. Erkundigt sich nach ihrem Wohlbefinden, bietet ihnen Hilfe an. Der Fall sei abgeschlossen, weil der Täter hinter Schloss und Riegel wäre, sagte man ihm stets am Telefon. Aber was wäre mit ihm und seiner Familie?, fragte er. Schließlich seien sie genauso zu Opfern dieses besessenen Mannes geworden und müssten ihr ganzes Leben mit dieser Tat leben. Da der Schreiber des Artikels seinen Namen darunter geschrieben hatte, war es für mich ein leichtes, seine Telefonnummer herauszubekommen. Bereits nach dem zweiten Klingeln wurde das Gespräch angenommen. Ich stellte mich kurz vor, wurde aber barsch unterbrochen.

»Gehören Sie auch zu denjenigen, die die Täter als Opfer der Gesellschaft hinstellen? Die Armen, die nichts für ihr Vergehen können? Wenn ja, beende ich sofort das Gespräch.«

»Nein, nein. Bitte, Herr van Dries, hören Sie mir zuerst kurz zu. Dann können Sie immer noch entscheiden, ob Sie das Gespräch abbrechen. Okay?«

Stille.

»Was wollen Sie?«

Ich erzählte ihm von unserer Tochter Luzie. Ihrem schrecklichen Tod, der viel zu überstürzten Beisetzung in Griechenland, der in unseren Augen unprofessionellen Obduktion, dem unendlich Kraft fordernden Papierkrieg mit den griechischen und den deutschen Behörden, den langen schmerzenden Gesprächen mit den Polizeibeamten und von meiner Idee, eine Anlaufstelle für Betroffene zu gründen.

»Woher nehmen Sie die Kraft?«, fragte Herr van Dries. Ich hörte den Schmerz in seiner Stimme. Doch ich vernahm auch ein gewisses Interesse. Und das gefiel mir. Nachdem ich mit zwei weiteren Betroffenen gesprochen und ihnen von meiner Idee berichtet hatte, war ich erst einmal zufrieden. Familie Löschner, Herr van Dries und eine Frau Namens Edda Blume. Frau Blume, die mit dem brutalen Verlust ihrer Cousine überhaupt nicht fertig wurde, die auf dem Heimweg in Berlin Kreuzberg überfallen, missbraucht und in einer Einfahrt abgelegt wurde, sowie einem Ehepaar aus Potsdam, die den Suizid ihres einzigen Sohnes nicht verkraften konnten. Vollkommen in Gedanken und noch ganz benommen von den Gesprächen, die mein Innerstes aufgewühlt hatten, schellte unser Telefon. Frau Dr. Buchwaldt meldete sich.

»Guten Tag Frau Lange. Leider habe ich keine guten Nachrichten für Sie. Die griechischen Behörden sind strikt gegen eine Überführung Ihrer Tochter. Aus Pietätsgründen argumentieren sie. Aber das ist nur ein Vorwand. In dem Moment, indem die Todesursache, ein begangener Suizid, nicht anerkannt wird und es sich damit laut Akten um einen ungeklärten Todesfall handelt, ist eine Überführung erst einmal tabu.«

»Oh nein!«, rief ich in den Hörer. »Das heißt, wir müssen warten, bis ein Rechtsmediziner nach Analyse des Obduktionsberichts bestätigt, dass Luzie sich nicht selbst das Leben genommen hat. Versteh ich das so richtig?«

»Ja. Es müssen Anträge eingereicht werden, dass der Obduktionsbericht von neutraler Seite, das heißt, von weiteren Rechtsmedizinern geprüft werden kann. Es muss bewiesen werden, dass an der Suizid-Theorie Zweifel besteht. Ich werde jetzt weiter versuchen, dass der Bericht erneut genauestens geprüft wird. Auf der Grundlage, dass, so nennen wir Juristen es, ein hochgradiger Verdacht von Seiten der

Angehörigen besteht, dass Fremdeinwirken stattgefunden haben musste. Eine langwierige Angelegenheit. Behörden brauchen Zeit. Dieser ganze Hickhack hilft zwar weder dem Opfer noch den Hinterbliebenen, genauer gesagt Ihnen. Bringt nur weiteren Frust und Enttäuschung. Denn am Ende kann es sein, dass wir diesen Beweis nie erbringen können. Frau Lange, ich frage Sie nun noch einmal. Ist Ihnen bewusst, auf welches langwierige, schmerzende Szenario Sie sich einlassen?«

Frau Dr. Buchwaldts Stimme klang bedrückt. So wie ich mich fühlte. Aber aufgeben kam nicht infrage.

»Wir kämpfen weiter. Das sind wir Luzie schuldig, und allen, die ein ähnliches Schicksal erleiden mussten«, sagte ich mit fester Stimme. »Ich möchte, dass der Tod unserer Tochter aufgeklärt wird.«

Das erste Treffen

Anfang März fand ein erstes Treffen statt. Meine Intension war es, andere Betroffene kennenzulernen, mit ihnen ins Gespräch zu kommen oder einfach nur zuzuhören. Herr und Frau Löschner kamen, sowie Herr van Dries und Frau Blume. Frau Dr. Buchwaldt hatte ich auch zu dem Treffen eingeladen, aber bei ihr jagte ein Termin den anderen.

»Wenn sich ein freies Zeitfenster ergibt, dann komme ich auf jeden Fall«, meinte sie.

Ich hatte versucht einen Raum im nah gelegenen Jugendzentrum zu bekommen, aber kurzfristig sei nichts frei, sagte man mir am Telefon. Auch in der Gesamtschule, die bei uns im Stadtteil ist und gut mit Bus und Bahn zu erreichen wäre, sähe man keine Möglichkeit für ein Treffen. Nach zwei weiteren Absagen hatte ich mich für ein Treffen bei uns im Wohnzimmer entschieden.

»Ist vielleicht auch persönlicher«, meinte ich zu Bertram der seinen Kopf hin und her wiegte.

»Ich glaube fast, es liegt nicht an den räumlichen Gegebenheiten, warum du keinen Raum bekommst. Die Leute zucken zusammen, wenn es um ein Thema geht, das so sensibel ist wie der gewaltsame Tod eines nahestehenden Menschen.«

»Ich habe denen doch nichts vom Tod gesagt«, meinte ich erstaunt. »Ich sprach lediglich von einer offenen Gesprächsrunde, in der Angehörige nach einer schlimmen Situation zusammenkommen und miteinander reden wollen.«

»Genau. Viele glauben sofort, es sind psychisch Kranke oder Außenseiter oder was auch immer. Die haben ganz einfach Berührungsängste! Denken nicht darüber nach, was in diesen Menschen wirklich vor sich geht und wie sie sich fühlen. Für die Menschen, die jeden Halt verloren, deren Existenz bedroht und die nicht mehr ein noch aus wissen, für die gibt es leider keinen Raum in unserer Gesellschaft. Im wahrsten Sinne des Wortes. Keinen Raum!«

Ich schluckte. Bertram hatte recht. Wieder einmal. Für Betroffene gibt es keinen Raum in der Mitte der Gesellschaft. Sie stehen außen. Werden ausgegrenzt und diskriminiert. Das musste sich ändern, dachte ich.

»Deswegen finde ich es als dringend erforderlich, dass sich etwas ändert!«

Ich hatte einen Apfelkuchen gebacken, Tee und Kaffee gekocht und den Tisch gedeckt. Die Eheleute Löschner kamen zuerst und ich versuchte, durch alltägliche Bemerkungen, die etwas angespannte Situation aufzulockern.

Bertram fand überraschend schnell einen Zugang zu Herrn Löschner, denn beide entdeckten ihre Liebe zum Fußball. Karola Löschner nippte an ihrem Tee, den ich ihr reichte und scannte die Situation. Ein paar Minuten später standen Herr van Dries und Frau Blume an unserer Haustür. Beide hatten offensichtlich die gleiche S-Bahn benutzt.

»Wir haben festgestellt, dass wir das gleiche Ziel haben«, lächelte Herr van Dries und reichte mir die Hand. Frau Blume begrüßte mich ebenfalls, wirkte auf mich jedoch sehr distanziert, was ich durchaus verstehen konnte. Würde mir an ihrer Stelle wahrscheinlich genauso ergehen.

Ich führte sie ins Wohnzimmer und machte alle kurz miteinander bekannt, ohne deren einzelne Schicksale zu erwähnen. Bertram übernahm das Wort und erzählte von Luzie. Ich biss mir auf die Zunge, denn jedes Wort zerrte an meinen Gefühlen. Aufsteigende Tränen versuchte ich zu unterdrücken. Goss eilig frischen Kaffee und Tee nach, um jeglichen Augenkontakt mit den anderen zu meiden. Als Bertram fertig war ergriff ich wieder das Wort und berichtete von meiner Idee, eine Gruppe zu gründen, die Anlaufstelle sein sollte für all diejenigen, die unbürokratische Hilfe benötigten, an tiefer Trauer und Hilflosigkeit zugrunde gingen und nicht mehr wussten, für wen oder für was sie eigentlich noch lebten.

»So eine Art Selbsthilfegruppe?«, rief Frau Blume plötzlich aufgeregt in den Raum. »Da bin ich nicht dabei. Nein! Ich habe es versucht. Habe eine sogenannte Selbsthilfegruppe besucht. Dreimal. Meine Ärztin hatte es mir geraten. Und was findet man da? Nur andere Menschen, die ihr eigenes Schicksal als das schlimmste ever bezeichnen und keinen Raum für die Wunden anderer haben. Okay. Kann ich verstehen. Aber das ist nichts für mich!«

Ich fasste mir an die Nase und überlegte einen Moment, ehe ich weitersprach. »Ich möchte keine Selbsthilfegruppe in dem üblichen Sinn gründen. Sie haben recht, Frau Blume. Jeder sieht sein eigenes Schicksal als das Schlimmste. Was ich durchaus verstehen kann. Mir schwebt vor Augen, dass man eine Stelle, genauer gesagt Ansprechpersonen hat, die einem wirklich das Gefühl geben, dass man nicht verrückt ist. Das dort Hilfe in praktischer Form gegeben wird, zum Beispiel in der Vermittlung von Fachkräften oder das Wege aufgezeigt werden, wie Hilfe zur Selbsthilfe möglich ist. Koordination der Hilfe zur Selbsthilfe nenne ich das. Oder emotionale Hilfe angeboten wird, die auf Verstehen beruht. Ich persönlich glaube nämlich nicht, dass eine Person, die nie ein wie auch immer geartetes Schicksal zu bewältigen hatte, sich auch nur annähernd in einen Betroffenen hineinversetzen kann.«

»Genau das ist die Schwierigkeit.« Frau Blumes Stimme klang ganz aufgeregt. »Niemand, wirklich niemand, der nicht einen so existenziellen Verlust erlitten hat wie ich ... oder Sie«, sie schaute Bertram und mich an, »der ahnt gar nicht, wie es uns geht. Er kann es nicht, auch wenn er es versucht.«

Herr van Dries nickte und Karola Löschner ergriff die Hand ihres Mannes.

»Ja, Sie sprechen mir aus der Seele. Man wird oft bemitleidet, getröstet oder wehleidig angeschaut. Oft auch gefragt, ob Hilfe benötigt wird. Aber wehe man sagt, dass dieses oder jenes gemacht werden muss, ist die angebotene Hilfe schon wieder vorbei. Sie können mich ja mal anrufen, heißt es oft. Mal anrufen ... Hach, klingt, als ob ich einem Fremden auf der Straße sagen würde, er kann ja mal vorbeikommen und bei mir im Garten Unkraut zupfen.« Ihre Finger krallten sich in die Hand ihres Mannes, der sie aufmunternd anlächelte. Es war still im Zimmer. Nur leises Ticken der Wanduhr war zu hören, als es an der Tür schellte. Bertram sprang vom Stuhl auf und eilte in den Flur. Stimmen drangen zu uns herein und dann kam Frau Dr. Buchwaldt. Aber nicht allein.

»Ich möchte mich zuerst entschuldigen, dass ich so spät komme. Aber wie gesagt ... Termine, Termine.« Sie stellte sich kurz vor, denn außer Familie Löschner schien sie keiner zu kennen.

»Frau Lange hat mir von ihrem Vorhaben berichtet und mich heute eingeladen. Ich finde ihre Idee grandios, denn Angehörige und Betroffene erleiden einen Verlust, von dem sich kein anderer Mensch, auch nur annähernd ein Bild machen kann. Ein Verlust, der sich zerstörerisch auf das ganze Leben auswirkt und sogar eine Bedrohung für jeden neuen Tag ist.

Die Menschen haben Selbstmordgedanken, sind traumatisiert, vollkommen fassungslos und teilweise von so intensiver Wut auf das Geschehene vollgesogen, dass sie nicht mehr atmen können.«

Bertram holte rasch aus der Küche noch zwei weitere Stühle, ich bot Getränke an und als wir wieder alle saßen sprach Frau Doktor weiter.

»Ich habe einige Mandanten, die in schlimmen Situationen sind. Von Ihrer Idee, Frau Lange«, dabei schaute sie in meine Richtung, »habe ich während eines Gesprächs Frau Möbus erzählt. Sie fragte, ob sie heute dabei sein könnte und so, ich hoffe, das ist in Ihrem Sinne, hat sie mich begleitet.«

»Das finde ich prima«, sagte ich erfreut. »Seien Sie herzlich willkommen zu unserem ersten informellen Gesprächstreffen, Frau Möbus.« Ich lächelte sie an und verrührte den Zucker in meiner Tasse.

»Darf ich mich kurz vorstellen und etwas über meine Situation erzählen?« Frau Möbus warf Frau Dr. Buchwaldt einen unsicheren Blick zu, den diese mit einem aufmunternden Kopfnicken beantwortete.

»Gerne«, erwiderte ich.

»Ich heiße Sybille Möbus und wurde vor fast acht Jahren Zeugin in einem Mordfall.« Sie schluckte, räusperte. »Meine Nachbarin Gisela Radau wurde von ihrem ehemaligen Lebensgefährten jahrelang gequält, verleumdet und verfolgt. In der Nacht ihres Verschwindens habe ich zuerst fürchterliche Schreie aus ihrer Wohnung gehört, dann vom Fenster aus beobachtet, wie der Kerl sie in einem zusammengerollten Teppich zum Auto geschleppt hatte. Ich rief sofort die Polizei an. Doch die Beamten meinten, dass in der Wohnung nichts auffällig gewesen sei, und den Teppich hätte ich vielleicht nur in meiner Fantasie gesehen. Gisela Radau habe ich nie wieder gesehen. Die Wohnung stand leer. Wochenlang. Der Kerl war Polizist und wurde, das ist leider das fatale, von seinen Kollegen und sogar von der Staatsanwaltschaft geschützt. Er behauptete immer wieder, Frau Radau gar nicht zu kennen. Ich wurde als Zeugin vernommen. Erzählte, was ich beobachtet hatte, doch keiner glaubte mir. Warum auch? Ich war lediglich Kassiererin in einem Supermarkt und er war Polizist! Es ging so weit, dass Lügen in unserem Ort über mich verbreitet wurden. Sogar die Presse konnte dieser Kerl zu seinen Gunsten involvieren. Ich würde heimlich Geld aus der Kasse nehmen oder betrunken Auto fahren. Ich versuchte mich gegen all die falschen Behauptungen zu wehren. Vergebens. Er hatte einen längeren Arm, bessere Beziehungen. Eine anerkanntere berufliche Stellung. Den Job als Kassiererin hatte ich bereits verloren. Von den Nachbarn wurde ich geschnitten. Es ging so weit, dass sogar ein Brandanschlag auf mich verübt wurde.

Danach habe ich den Ort fluchtartig verlassen. Ich lebe seit geraumer Zeit in einem kleinen Zimmer in Berlin und hoffe, von dem Ganzen etwas Abstand gewinnen zu können.« Sie hielt inne und im Raum war es mucksmäuschenstill. Man hätte eine Stecknadel fallen hören.

»Weiß man mittlerweile, was mit Frau Radau geschehen ist?«, unterbrach Herr Löschner die Stille.

»Sie wurde ungefähr sieben Wochen später im nahen gelegenen Wald gefunden. Selbstmord, stand in der Presse.« Frau Möbus zuckte mit den Schultern.

»Ich habe gesehen, wie er sie zum Wagen geschleppt hatte, und bin fest davon überzeugt, dass sie da bereits tot war. Aber mir glaubte keiner.«

»Also läuft der Täter immer noch frei herum?«, fragte ich.

»Ja. Er ist clever, dazu noch Polizist.«

»Hm«, ich räusperte mich. »Das hört sich für mich so an, als wolle man eine Zeugin ausschalten, den Täter schützen und das Opfer verleumden.«

»Genau so passiert es leider sehr häufig«, mischte sich Frau Dr. Buchwaldt ins Gespräch ein. »Diese Strukturen müssen durchbrochen werden. Da versuche ich jeden zu unterstützen, der in irgendeiner Form Hilfe, Ratschläge und Beistand braucht. Deswegen unterstütze ich auch die Idee von Ihnen, Frau Lange.«

Am Ende des Nachmittags hatte ich eine Liste mit Namen und Telefonnummern, sehr viel Zuspruch und die einhellige Meinung, dass es an der Zeit sei, den Opfern und den Betroffenen mehr Aufmerksamkeit zukommen zu lassen. Bertram half mir beim Aufräumen und zufrieden lehnte ich den Kopf an seine Schulter. »Warum, verdammt noch einmal, warum muss zuerst etwas Grausames passieren, damit etwas Neues, etwas dringend Notwendiges entstehen kann? Warum?« Bertram ging an den CD-Player und legte eine CD ein. Leise Töne erfüllten den Raum und ich hörte Udo Lindenbergs markante Stimme:

»Hinterm Horizont geht's weiter
Ein neuer Tag
Hinterm Horizont immer weiter
Zusammen sind wir stark!«

»Sind wir das wirklich?« Ich schaute Bertram an.

»Sind wir wirklich stark? Ist nicht jede Art von Betriebsamkeit ein Weglaufen vor der Realität?«

»Weglaufen? Nein ... Ich denke es ist ein jetzt erst recht! Wir dürfen uns von der Besessenheit, dem Bösen im Menschen, der schwarzen Seele des Einzelnen nicht unterkriegen lassen. Ich habe es ja mit deinen Kalendersprüchen nicht so, aber es gibt da durchaus einen Satz, der mich begleitet.«

»Ein Satz der dich begleitet? Welcher ist das?«

Nie zuvor hatte Bertram etwas von Sätzen oder Kalendersprüchen gehalten und stets über meine Liebe zu ihnen gelächelt. »Sag schon, welcher Satz begleitet dich?«

Bertram zögerte kurz. »Wenn du denkst es geht nicht mehr, kommt von irgendwo ein Lichtlein her ... Kitschig, oder?«

»Nein! Überhaupt nicht. Ein Lichtlein hört sich schön an. Ein Lichtlein so hell wie ein Stern. Luzie!«

November 2008

Luzie war nun über ein Jahr tot und ich, genauer gesagt, Bertram und ich, fühlten uns von den Behörden allein gelassen. Frau Dr. Buchwaldt stand uns mit Rat und Tat zur Seite, aber dieses leidliche hin und her, der frustrierende Papierkrieg, die Wut die ich auf die schnelle Beisetzung, die späte Benachrichtigung ihres Todes, die zermürbenden Berichte der Obduktion, die keine Klarheit schaffen konnten, ob es sich um einen Suizid oder ein Gewaltverbrechen handelte, all das veranlasste mich eine Hilfsorganisation für Opfer von Gewalttaten zu gründen. Nach dem ersten Gespräch im März trafen wir uns in lockeren Abständen. Hin und wieder kamen neue Betroffene dazu, andere blieben weg, wieder andere waren Feuer und Flamme und tauten bei der Idee vollends auf, einen rechtsfähigen Verein zu gründen. Ich hatte mich informiert, da ich noch nie in meinem Leben einen Verein selbst gegründet hatte. Es gab einige Punkte, die wichtig für so ein Projekt waren. Am Anfang mussten mindestens sieben Mitglieder sein. Die sogenannten Gründungsmitglieder. Die Zahl sieben hatten wir mit Leichtigkeit geknackt, was ich nie zu hoffen gewagt hätte.

Anfang November trafen wir uns, um alle Interna noch einmal gemeinsam durchzusprechen.

»Wie soll denn unser Verein überhaupt heißen?«, fragte Herr van Dries. »Hilfe für Hilfesuchende oder etwas internationaler Help for everyone?« Er schaute in die Runde.

»Nur gemeinsam sind wir stark«, schlug Bertram vor.

»Jetzt erst recht«, war Herrn Löschners Vorschlag.

»Seelenfrieden«, kam aus dem Munde von Frau Doktor Buchwaldt.

»Hm«, ich zögerte etwas. »Ich habe mir in den letzten Wochen den Kopf über einen passenden Namen zermartert.« Suchend blätterte ich meine Unterlagen durch und zog einen handgeschriebenen Zettel hervor.

»Ich denke, es sollte ein kurzer, prägnanter Name sein. Ein Name, der auffällt und zum Denken anregt. Oder wenigstens zum Nachfragen. Dabei fielen mir Worte wie«, ich las die Notizen von meinem Zettel ab. »Fokus oder aus dem lateinischen Vita ein. Ich habe dann stundenlang vor dem PC gesessen. Namen gesucht, sie ausgesprochen und wieder zur Seite geschoben. Bei einem zufälligen Gespräch mit meiner Zahnärztin habe ich von der Namenssuche erzählt. Sie kommt aus Irland und sagte ein Wort, das mich nicht mehr losgelassen hat. Es beschreibt die Verbindung von oben nach unten, die zugrunde liegende Assoziation von der Psyche zum Organ.« Ich schaute in die Runde. Erkannte fragende und neugierige Blicke. Ich zog die Augenbrauen hoch, strich die mittlerweile ergrauten und faserig gewordenen Haare zurück und lächelte.

»Du spannst uns auf die Folter. Sag schon, welcher Name schwirrt dir im Kopf herum?«, fragte Bertram.

»ANUAS!«

Frau Dr. Buchwaldt schaute mich über den Rand der Brille an und runzelte die Stirn.

»Das Wort habe ich noch nie gehört«, meinte Karola Löschner.

»Ich auch nicht«, pflichtete Bertram ihr bei. »Aber es hört sich nach mehr an. Kannst du es noch etwas genauer erklären? Das Wort mit Leben füllen?« Er schaute mich dabei fragend an.

»Ja, ich werde es versuchen.«

Ich trank einen Schluck Wasser und fuhr fort.

»Unser Körper ist ein Spiegel der Seele. Nach einer Gewalttat mit Todesfolge leiden wir Menschen. Ich spreche da aus eigener Erfahrung. Wir leiden unsäglich. Alles, was auf unserer Seele lastet, wie zum Beispiel ein dauerhafter psychischer Leidensdruck, jahrelanger Stress, seelische Belastungen, all das sind Wackersteine, die auf unseren Körper, genauer gesagt auf unsere Organe drücken. Auf den Magen, die Verdauungstrakte, die Galle, das Herz. Sie zehren an unserem Körper, unserer Konstitution. Machen uns krank. Ganz doll krank. Notwendig ist also eine individuelle präventive Nachsorge. Dies alles steckt in dem Wort ANUAS. Und so würde ich gerne auch die Arbeit dieses Vereins sehen. Nicht nur die Trauerarbeit steht an erster Stelle, sondern alle Fragen um Gerechtigkeit, Informationen und Aufklärung zum Opferrecht und dem Opferschutz. Genauso die kriminalpräventiven und gesundheits-präventiven Nachsorgen. Ich denke da an Workshops, die organisiert werden müssen. Bei der Organisation sollten wir Betroffene auf jeden Fall mit zurate ziehen. Die Einbeziehung von Menschen in einer derartigen Extremsituation halte ich für unheimlich wichtig. Neben Gesprächsgruppen denke ich auch an kreative Shops. Malen, schreiben, singen oder tanzen. Gemeinsam etwas unternehmen. In die Natur gehen. Das Leben wieder auf der Haut spüren. Puh, jetzt habe ich genug geredet. Wahrscheinlich habe ich heute Morgen Brabbelwasser getrunken. Jetzt sind Sie dran!« Mein Blick wanderte von einem zum anderen im Raum. Erneut nahm ich einen Schluck Wasser. Mein Mund war trocken und ich wartete gespannt auf Reaktionen. Nach einer gefühlten Ewigkeit meldete sich Karola zu Wort.

»Gebongt! Ich finde den Namen grandios!«

»Ja, mich hat er auch überzeugt, vor allem Ihr Engagement, Frau Lange. Da merkt man, dass Sie voll dahinterstehen und Sie jetzt schon unseren Verein, obwohl wir noch gar kein eingetragener Verein sind, mit Leben füllen. ANUAS hört sich außergewöhnlich an.« Herr van Dries kraulte sich zufrieden seinen Dreitagebart.

»Hat denn keiner Einsprüche gegen den Namen?«, rief ich verwundert in die Runde.

Einstimmiges Kopfschütteln.

»Ich denke, wir dürfen uns nicht nur auf unseren Stadtteil beschränken, denn Gewaltopfer gibt es in ganz Deutschland, gibt es auf der ganzen Welt. Leider herrscht überall das Böse. Vielleicht könnte man, um globaler bekannt zu werden, vor ANUAS das Wort Bundesverband setzten. Bundesverband ANUAS e.V. Was halten Sie davon?«, fragte Frau Dr. Buchwaldt.

»Prima!« Ich war begeistert. Das war ganz in meinem Sinn.

Eine Woche später trafen wir uns zu einer Gründungsversammlung, die ich einberufen hatte. Wir wählten den ersten Vorstand unseres Vereins. Es war eine offene Wahl und das Ergebnis eindeutig. Einstimmig hatten mich alle zur ersten Vorsitzenden gewählt. Zweite Vorsitzende wurde Karola Löschner, was mich unheimlich freute.

Seit einigen Wochen bemerkte ich bei ihr eine verstärkte Aktivität. Sie brachte sich mit neuen Ideen ein, war immer bereit etwas zu organisieren, und schien tatsächlich an einer Vereinsarbeit Interesse zu haben. Wir verfassten gemeinsam eine Satzung und ließen die Gemeinnützigkeit prüfen. Ich stellte mit Karola Löschner einen Antrag für die Eintragung ins Vereinsregister bei unserem zuständigen Amtsgericht und dann brauchten wir bei der Bank nur noch ein Geschäftskonto eröffnen. Im November waren alle nötigen Formalien getätigt und der Verein Bundesverband ANUAS e.V. wurde offiziell in der Berliner Presse vorgestellt. Da ich Wert darauf legte, dass der Verein allen Ansprüchen eines gemeinnützigen Vereins gerecht wurde, hatte ich mit Herrn van Dries, Frau Löschner und Frau Dr. Buchwaldt etliche Stunden damit verbracht, eine Präambel zu verfassen. Die Präambel besagte, für was und für wen wir da sein wollten:

Präambel

Der Bundesverband ANUAS e.V. – Hilfsorganisation **für Angehörige von Mord-, Tötungs-Suizid- und Vermisstenfällen**, nachfolgend ANUAS genannt, ist eine bundesweite **Betroffenen-Opfer-Hilfe- und Selbsthilfeorganisation**.

Er versteht sich als bundesweiter Interessenvertreter und stützender Partner für betroffene Angehörige. Dazu zählen alle in Deutschland lebenden Betroffenen, eingeschlossen die Flüchtlinge und die Migranten. Darüber hinaus will der Bundesverband im Sinne sozialer Verantwortung und aus Erfahrungen der eigenen Betroffenheit für die Betroffenen als **Hilfsorganisation Einfluss auf die Gesellschaft** nehmen, um die Sorgen und Nöte dieser Menschen stärker in das Bewusstsein der Öffentlichkeit zu rücken und Verbesserungen in der Umsetzung der Gesetze zu ermöglichen.

ANUAS setzt sich für Hilfen und Gerechtigkeit im Umgang mit betroffenen Angehörigen ein, die überlebendes Opfer psychischer und / oder körperlicher Gewalt geworden sind. Als **Selbsthilfeorganisation** koordiniert ANUAS bundesweit die **Hilfe zur Selbsthilfe, in Berlin, unter anderem in Form einer Selbsthilfekontaktstelle.**

ANUAS organisiert Hilfen zur Selbsthilfe für betroffene Angehörige ... (1. ANUAS SATZUNG 2008)

Stark

Es war der 23. November. Bertrams Geburtstag. Ich hatte einen Butterkuchen und einen Apfelkuchen gebacken. Für Enkel Lukas extra ein paar Muffins, die ich mit bunten Zuckerstreuseln verziert hatte, obwohl er diese noch nicht essen durfte, wie Martina mir immer wieder erklärte. Sie war sehr genau, was die Ernährung des Kleinen anging.

»Der bekommt noch früh genug Süßkram zum Naschen, das muss jetzt noch nicht sein.« Mit diesen Worten verhinderte sie stets, dass ich Lukas ein Stückchen Milchbrötchen in den Mund schieben oder ihn vom Pudding probieren lassen wollte. Am Muffinsbacken konnte sie mich allerdings nicht hindern. Schlimmstenfalls würden Bertram und ich sie essen.

Kurz nach vierzehn Uhr schellten Günther und Thomas. Sie hatten sich zufällig in der U-Bahn getroffen. Thomas kam direkt aus dem Büro und Günther vom Zahnarzt. Seine rechte Wange war noch leicht geschwollen und das Sprechen nach der Narkose fiel ihm schwer. Sie gratulierten Bertram und überreichten ihm einen Umschlag.

»Essen hält Leib und Seele zusammen. Ein Gutschein bei Mutter Hoppe für dich und Mama. Von uns beiden.« Sie umarmten mich und setzten sich auf die Couch.

»Wann kommt Martina mit dem Kleinen? Ich habe meinen Neffen fast zwei Wochen nicht gesehen.« Thomas war total vernarrt in Lukas, beobachtete seine Entwicklung genau und freute sich über jeden kleinen Fortschritt.

»Werde endlich selber Vater, dann kannst du jeden Entwicklungsschritt akribisch beobachten, fotografieren und auf Video festhalten.« Günther kniff seinen Bruder in den Oberarm, so wie er es als kleiner Junge oft gemacht hatte, wenn er ihn ärgern wollte.

»Ich muss erst die richtige Partnerin finden. Alles nicht so leicht. Es gibt so viele nette Frauen. Kann mich gar nicht entscheiden.« Schelmisch blickte er in die Runde. Es schellte erneut und Thomas sprang von der Couch hoch, um als erster an der Tür zu sein. Es wurde laut. Lukas' Geschrei erfüllte den Raum.

»Herrje, ich bin total genervt. Ich muss ihn zuerst wickeln. Der Kleine hatte nichts anderes zu tun, als im Auto die Windel zu füllen. Danach hat er nur noch geschrien, der Schlingel.« Martinas Stimme war gestresst und sie verschwand rasch mit dem Kind ins Badezimmer.

Bertram saß am Fenster in seinem Sessel, die Arme vor der Brust verschränkt.

»Ich freue mich, dass ihr gekommen seid.«

Ich schaute ihm in die Augen und hatte das Gefühl, er kämpfte mit aufsteigenden Tränen. Sein Blick hing an Luzies Foto, das auf dem Sideboard einen festen Platz hatte. Ich schluckte und kämpfte mit einem Kloß im Hals, der sich dort breitmachte.

»Ba … ba … ba …« Frisch gewickelt strahlte Lukas auf Martinas Arm und brabbelte weiter. »Ba ... ba ... bam ...«

Thomas ging Martina entgegen, nahm seinen Neffen und hielt ihn hoch in die Luft. Im gleichen Moment jauchzte Lukas vor Freude. Martina beglückwünschte ihren Vater, drückte ihn fest an sich. Danach setzte sie sich sichtlich entspannt neben Günther.

»Alles klar bei dir? Du siehst blass aus. Und was ist mit deiner Wange?«

»Ich komme gerade vom Zahnarzt«, nuschelte er und versuchte zu lächeln, was ihm sichtlich schwerfiel.

»Oh, dann kannst du heute wenigstens nicht den ganzen Butterkuchen wegessen. Erinnerst du dich? Auf Mamas Geburtstag vor einigen Jahren, da hast du, ich will nicht lügen, mindestens sieben Stück verschlungen.«

»Butterkuchen geht immer«, sagte er und schaute seine Schwester verschmitzt an. Bertram ergriff das Wort, indem er kurz in die Hände klatschte, damit alle auf ihn aufmerksam wurden.

»Ehe der Kaffee kalt wird und die Sahne flüssig, lasst uns anfangen zu essen. Schön, dass ihr da seid. Ich weiß, ich habe es vorhin schon einmal gesagt, aber ich freue mich wirklich. Und Lukas hat sich so toll gemacht. Ein Pfundskerl. Schade, dass dein Mann nicht kommen konnte, Martina. Nimm ihm bitte später etwas mit. Es ist genug Kuchen da. Und schade, dass ...« Seine Stimme versagte. Bertrams Blick schweifte zu Luzies Kerze, die, wie immer brannte, wenn wir als Familie zusammen waren. Er biss sich auf die Lippen. Ich wusste, wie weh es ihm tat, dass Luzie nicht dabei war, denn auch ich kämpfte mit meinen Gefühlen.

Mein Herz schmerzte, aber es war Bertrams Geburtstag und den wollte ich ihm nicht durch meine Gefühlsduselei und Tränen verderben. Im Zimmer war es still. Sehr still. Selbst Lukas hatte aufgehört zu brabbeln. Aber die Stille währte nicht lange, denn die Rassel mit den bunten Kugeln rutschte Lukas aus den Fingerchen, fiel auf den Kachelboden und riss uns aus unserer Starre.

»Wer möchte noch eine Tasse Kaffee?«, fragte ich in die Runde.

»Oder was haltet ihr von einem Gläschen Wein?«, ertönte Bertrams Stimme.

»Ein Bier wäre mir lieber«, rief Günther und nahm sich das dritte Stück Butterkuchen.

»Ein Bier? Das würde dir so passen. Du kommst gerade vom Arzt und die Narkose wirkt noch nach.« Thomas lachte und knuddelte dabei Lukas, der sich sichtlich wohl auf seinem Arm zu fühlen schien.

»Oh nein!« Thomas rümpfte die Nase. »Lukas hat schon wieder einen Duft in die Windel hinterlassen. Martina, das ist ein Fall für dich.«

»Aha, ein Onkel, der keine Windel wechseln will. Das geht gar nicht. Hier!« Sie zog eine frische Pampas aus der Wickeltasche und hielt sie dem Bruder vor die Nase. »Wer mit Lukas spielen will, muss ihn auch wickeln. So ist das Leben.«

»Genau!« Aufmunternd nickte ich meinem Sohn Thomas zu, der mit Lukas in Richtung Badezimmer verschwand.

»Eine Anleitung wirst du doch nicht brauchen, oder?«, rief Günther ihm noch hinterher.

»Bin Wickelprofi!«

»Gut, dass ich das weiß.« Martina schob amüsiert die Gabel mit dem Apfelkuchen in den Mund. »Echt lecker. Mama ist unser Apfelkuchenprofi!«

»Kinder, Kinder. Bei so einem Kompliment werde ich ganz rot im Gesicht.« Ich musste herzlich lachen. Und auch Bertrams Gesicht verzog sich zu einem Schmunzeln. Unsere Blicke trafen sich für einen Moment. Wie sehr ich ihn liebte und brauchte wurde mir in dieser Sekunde erneut bewusst. Wir verbrachten eine schöne Zeit miteinander. Erzählten die neuesten Ereignisse, lachten und tranken dann später ein Gläschen Sekt, um doch noch gebührend auf Bertram anzustoßen.

Die Jungs verabschiedeten sich kurz nach achtzehn Uhr.

»Ich habe noch eine Verabredung«, kommentierte Thomas sein Gehen mit einem Augenzwinkern. Ich vermutete, er hatte ein Date und wollte nichts weiter darüber erzählen. Und Günther zeigte mit der Hand auf die Wange. »Die Narkose hat längst nachgelassen und es klopft gehörig. Ich werde zu Hause eine Schmerztablette nehmen.«

Martina hatte sich mit Lukas auf den Boden gesetzt und ließ ein Spielzeugauto hin und her fahren. Zuerst beobachtete Lukas alles mit großen Augen, doch plötzlich versuchte er den Lastwagen zu greifen und stieß mit dem Kopf gegen das Tischbein. Ein jämmerliches Geschrei füllte das Wohnzimmer und wir versuchten, den Kleinen zu beruhigen. Passiert war zum Glück nichts, außer dem Schreck, den Lukas bekommen hatte.

»Es wird Zeit, dass wir gehen. Der Kleine ist hundemüde. Ich packe rasch noch zwei Stückchen Kuchen ein.« Martina holte sich Folie aus der Küche, wickelte den Kuchen darin ein. Währenddessen hielt ich meinen Enkel auf dem Arm. Noch immer jammerte er ein wenig, doch er konnte seine Augen kaum noch aufhalten.

»Er schläft schon fast«, flüsterte ich, um ihn ja nicht zu wecken.

Dann ging alles sehr schnell. Martina legte Lukas in den Kinderwagen und verabschiedete sich von uns. »Ich melde mich morgen, bis dann.« Und weg waren die beiden.

Es war kurz vor Beginn der Tagesschau.

Die Geschirrspülmaschine lief, das Wohnzimmer war aufgeräumt und wir allein. Bertram hatte sich ein Bierchen und eine Dose Erdnüsse geholt und mir ein Glas Wein eingeschenkt. Ich kuschelte mich in seinen Arm und er schob sich mit der freien Hand eine Erdnuss nach der anderen in den Mund.

»Irgendwie habe ich ein schlechtes Gewissen.« Ich schaute Bertram von der Seite an.

»Warum?«, fragte er mit vollem Mund.

»Seit ich die Gründung unseres Vereins vorangetrieben habe, dadurch stundenlang telefoniere, bald täglich unzählige Formulare ausfülle und reichlich Fachgespräche führe, denke ich so wenig an Luzie. Das macht mir Angst.«

»Warum Angst?« Bertram kaute laut schmatzend auf seinen Erdnüssen.

»Angst, dass ich sie vergesse.«

Jetzt drückte Bertram den Rücken durch und drehte sich so, dass er mir direkt in die Augen sehen konnte.

»Das, was du da in die Gänge gebracht hast, das ist nicht für Hinz und Kunz. Das ist für unsere Tochter Luzie und für alle Gewaltopfer. Du siehst doch, wie intensiv du gebraucht wirst. Von Karola und ihrem Mann, von Herrn van Dries, von Frau Möbus und all den anderen, die neu hinzugekommen sind. Du spürst doch, dass sie ohne deine Aktivität schon längst den Abgrund erreicht hätten. Hinabgestürzt wären. Nun haben sie ein Ziel. Sie haben Menschen, mit denen sie reden können, die sie anrufen und mit denen sie spazieren gehen oder gemeinsam malen. Klar ersetzt das nie und nimmer das Leben eines Verstorbenen. Aber es gibt ihnen Kraft. Kraft für Hilfe zur Selbsthilfe. Dein Ziel, oder?«

Ich nickte.

»Du bist stark. Das weißt du auch. Ich liebe dich, weil du so bist wie du bist. Ich hätte das Ganze nie in die Wege leiten können. Ich wäre bestimmt auch irgendwann ganz an den Abgrund gekommen. So haben wir es geschafft, dass der Tod unserer Luzie immer für andere ein Zeichen sein wird. Luzie, unsere Strahlende.« Bertrams Stimme war leise, fast zärtlich. Er gab mir einen liebevollen Kuss, was er selten tat, wenn parallel die Tagesschau lief, er den Nachrichten aus aller Welt folgte und gespannt auf die aktuellen Fußballergebnisse wartete.

»Ich vermisse sie so sehr«, sagte ich leise. Der Duft von Bertrams frisch riechendem Rasierwasser zog mir in die Nase und ich musste niesen.

War ich wirklich so stark, wie mich die anderen sahen?, fragte ich mich. Für mich war Bertram der Starke, denn er war immer für mich da und hörte mir zu: konzentriert, ehrlich und liebevoll. Obwohl er genauso trauerte, genauso wütend und verzweifelt war wie ich.

Mir fiel der Text von Udo Lindenberg ein:

Hinterm Horizont geht's weiter Ein neuer Tag
Hinterm Horizont immer weiter Zusammen sind wir stark!

Ja, zusammen sind wir stark.

ANUAS e.V.

Was für ein Wahnsinn ... im positiven Sinne, dachte ich, als ich am Schreibtisch saß, und ein Formular nach dem anderen bearbeitete. Unseren Verein gab es nun über drei Jahre, die Mitgliederzahl wuchs kontinuierlich an. Das Interesse vonseiten der Presse war enorm. Als dann noch eine Anfrage vom Fernsehen ins Haus flatterte, stieg mein Blutdruck ins Uferlose.

»ML Mona Lisa«, das Frauenmagazin, welches am frühen Sonntagabend im ZDF ausgestrahlt wurde, wollte ein Interview mit mir.

»Bertram!«, rief ich aufgeregt durch den Hausflur.

»Bertram, ist heute der 1. April?«

Bertram war gerade dabei, das Altglas zu sortieren.

»Quatsch. Wir haben den 21. Mai«, antwortete er knapp.

»Ja, ja, ist mir klar ... aber schau doch mal!« Ich zeigte ihm den Brief mit der schriftlichen Anfrage von Mona Lisa. »Das muss doch ein Witz sein, oder?«

Bertram las das Schreiben, schaute mich an.

»Das ist kein Witz. Die wollen über ANUAS berichten.«

»Ich stelle mich doch nicht vor die Kamera! Das kann ich nicht.«

Bertram lächelte mich an. »Doch! Das kannst du.«

Und ich konnte es!

Vier Wochen später war es so weit. Für halb zwölf hatte sich eine Reporterin von Mona Lisa mit ihrem Kamerateam angemeldet. Aufgeregt wie ein Schulmädchen stand ich früh morgens vor dem Spiegel.

»Meine Haare!«, rief ich verzweifelt, schaute mich im Spiegel an. »Ich sehe aus wie ein Mopp.«

»Du siehst wunderschön aus.« Bertram stand hinter mir und lächelte. Unzufrieden zupfte ich an den Haarspitzen, strich eine Strähne hinter das Ohr, dann wieder nach vorne.

»Und was soll ich anziehen? Die sagten in dem Vorgespräch am Telefon nichts Kleinkariertes oder schmal Gestreiftes. Also etwas Unifarbenes. Oder?«

»Ziehe doch dein neues Shirt mit den Pailletten an. Das steht dir richtig gut.«

Der Vorschlag gefiel mir. Das Shirt war dezent und trotzdem chic. Dazu würde ich eine schwarze Hose tragen. Fertig. Schließlich hatte ich kein Fotoshooting für ein Hochglanzmagazin, sondern sollte über den Tod unserer Tochter und die Entstehung des Vereins ANUAS berichten.

Gedreht wurde in meinem Büro, welches ich kurz vor den Aufnahmen etwas aufgeräumt hatte, denn mittlerweile hatten sich Unmengen von Informationen in Form von Akten, zahlreichen Briefen, Papieren und unzähligen Formularen angesammelt, sodass sich neben meinem Computer regelrechte Aktentürme gebildet hatten. All das verstaute ich in Kisten, denn im Fernsehen sollte keiner mein durchaus chaotisches Arbeitsverhalten sehen. Obwohl ich selber immer wusste, wo ich was abgelegt hatte. Eben ein sortiertes Chaos.

Pünktlich um halb zwölf stand das Drehteam vor der Tür. Jeder wusste ganz genau, was er zu tun hatte. Die Reporterin stellte mir Fragen, die mir im Vorgespräch zuvor mitgeteilt wurden. So konnte ich themenzentriert antworten, ohne zu sehr emotional aufgewühlt zu sein.

Ich berichtete von unserer Hilfsorganisation in der alle ehrenamtlich arbeiten, sowie von unserem eingetragenen Verein, der sich als Lotsendienst zwischen Rechtsanwälten und Therapeuten sieht. Ich erzählte ihnen, dass es häufig an schneller Hilfe für die traumatisierten Angehörigen fehlen würde. Für eine Therapie müsse man bis zu einem Jahr warten, was leider für die Betroffenen kaum auszuhalten sei. Ich sagte auch, dass ich selbst, ohne diesen Verein nicht mehr zurück ins Leben gefunden hätte. Bei diesem Satz kippte meine Stimme, denn ich versuchte krampfhaft die aufsteigenden Tränen zu unterdrücken.

Die beiden Kameraleute nickten, die Reporterin lächelte.

»Alles im Kasten. Das haben Sie richtig souverän gemacht, Frau Lange. Jetzt müssen die Aufnahmen geschnitten und bearbeitet werden und Ende des Monats ist die Ausstrahlung. Ich wünsche Ihnen alles Gute und weiterhin viel Erfolg ... Oh nein, das ist das falsche Wort, ich wünsche Ihnen, dass Sie mit dem Verein ganz vielen Betroffenen eine Lebensstütze sein können.«

Als Mona Lisa den Bericht über ANUAS ausstrahlte, saßen wir dicht an dicht in meinem Büro. Herr van Dries, Familie Löschner, Frau Möbus, Frau Dr. Buchwaldt, unsere Söhne Thomas und Günther, Bertram und ich. Martina wollte auch kommen, doch klein Lukas hatte Fieber und Ohrenschmerzen.

Meine Hände waren feucht vor Aufregung, denn ich hatte noch nie etwas mit dem Fernsehen zu tun gehabt. Würde ich wirklich die Gründe für die Entstehung des Vereins und seine Ziele gut vermitteln? Zuerst kam der Einspieler, dann eine Szene mit einer Angehörigen, deren Sohn zum Mörder wurde. Grausam. Allein der ferne Gedanke, einer meiner

Söhne würde ... Mir lief eine Gänsehaut über den Rücken. Danach folgte ein Bericht über einen Vater, dessen Tochter von ihrem eifersüchtigen Freund erstochen wurde und dann schwenkte die Kamera auf das Schild, das mittlerweile an unserer Haustür angebracht war und das auf den Verein ANUAS e.V. hinwies. Ich wurde als die Seele des Vereins vorgestellt und bekam bei diesen Worten nasse Augen. Es wurde erwähnt, dass der Verein sich aus Spenden finanziert und alle Mitarbeiter und Mitarbeiterinnen ehrenamtlich tätig sind. Ich berichtete, wie endlos lange die Wartezeiten auf eine Therapie seien und wie unvorstellbar hoch das Leid der Angehörigen nach einem Gewaltverbrechen sei.

Eine lange Wartezeit würden die Opfer in vielen Fällen gar nicht durchstehen, denn sie sind am Ende ihrer Kräfte, erzählte ich.

Gut gefiel mir die Formulierung der Moderatorin, als sie ANUAS als Lotsendienst bei der Suche nach Rechtsanwälten und Therapeuten beschrieb. Denn so verstehen wir uns: ein Lotsendienst für Hinterbliebene von Gewaltverbrechen.

Die Dokumentation endete mit den Worten, dass es immer mehr Betroffene gibt, die verzweifelt um Hilfe bitten.

Bertram streichelte mir über den Rücken. »Der Bericht ist informativ, drückt nicht zu sehr auf die emotionale Seite und bringt, nach meiner Meinung das dem Zuschauer nahe, um was es geht. Nämlich die Frage, wie soll man ohne gezielte Hilfe alleine mit einem Gewaltverbrechen zurechtkommen und darüber hinaus weiterleben.«

Ich gab ihm recht. Ein Bericht, der zu sehr auf die Tränendrüse gedrückt hätte, hätte ein falsches Bild von ANUAS vermittelt, denn wir stehen dafür, dass man nur in Begegnungen und Gesprächen Lebenskraft zurückbekommen kann. Jeder im Raum hing seinen Gedanken nach, bis etwas passierte, was uns zusammenzucken ließ. Günthers Handy meldete sich. Schrill und unüberhörbar mit dem nervenden Klingelton eines Weckers.

Frau Dr. Buchwaldt fuhr erschrocken zusammen und stieß dabei mit dem Ellenbogen gegen die Wasserflasche, die neben ihr auf dem Tisch stand und die nun mit einem lauten Knall auf dem Kachelboden zersplitterte. Sofort füllte eine enorme Hektik den Raum. Bertram sprang auf, um ein Kehrblech zu holen. Thomas besorgte einen Wischer und Putztücher. Frau Dr. Buchwaldt, die für das Malheur verantwortlich war, bekam einen Lachanfall.

»So etwas passiert mir ständig. Tut mir leid«, meinte Frau Dr. Buchwaldt.

»Mir passiert das auch öfter«, sagte Frau Löscher leise und beugte sich zum Boden, um die Scherben zusammenzufegen. »Ist mir immer total peinlich.«

»Mir eigentlich nicht«, kam es von Frau Dr. Buchwaldt, »ich finde so etwas ist menschlich.«

»Ich fände es im Moment menschlich, wenn wir mal etwas essen würden, oder?«, sprach Thomas.

»Mir hängt der Magen bereits in den Kniekehlen.«

»Gute Idee«, kam es von Herrn van Dries. »Sollen wir in die Pizzeria gegenüber dem alten Kino oder lieber in den Original Berliner Pfannkuchen-Laden neben dem Tierpark gehen? Dort gibt es die leckersten Pfannkuchen, die ich je gegessen habe.«

Ich schaute in die Runde. Irgendwie hatte ich das Gefühl, als ob das Leid, was wir durchgemacht hatten und durchmachen müssen, uns immer mehr zusammenschweißte.

»Pfannkuchen-Laden fände ich prima. Essen hält Leib und Seele zusammen. Ich bin dabei«, sagte ich, schaute zu Bertram.

»Das ist typisch für meine Frau. Immer einen Kalenderspruch auf den Lippen«, rief er aus dem Flur in den Raum. Dann stand er im Türrahmen.

»Aber die Idee ist super. Lasst uns gemeinsam dorthin gehen und den Fernsehbericht Revue passieren lassen. Reden stärkt die Lebenskraft, haben wir ja gerade im Fernsehen gehört und ein leckeres Essen beruhigt den Magen.«

Heute

ANUAS e.V. besteht nun fast fünfzehn Jahre. Wenn ich daran denke, aus welcher furchtbaren Situation dieser Verein im Jahre 2008 gegründet wurde, welche Verzweiflung, welche Ungerechtigkeit, welche unendliche Wut Bertram und mich auf diesen Weg gebracht hatte, dann stehen mir die Nackenhaare zu Berge, mein Puls fährt Achterbahn und mein Herz schmerzt und weint still.

Vielleicht konnte die Arbeit des Vereins einzelnen Betroffenen, den Verzweifelten, den Traumatisierten eine kleine Lebensperspektive geben. Wege zeigen, in denen sie Hilfe zur Selbsthilfe finden.

Vielleicht konnten Gespräche helfen, ein wenig Seelenfrieden zu finden.

Vielleicht ... Dies wünsche ich mir aus vollem Herzen.

Luzie …

Noch heute kämpfen wir dafür, dass die wahren Täter gefunden und verurteilt werden. Nach der gutachterlichen Äußerung zur Todesermittlungssache unserer Tochter Luzie bekamen wir im Jahre 2020 Unterlagen zur Verfügung, in denen Folgendes steht: *Frau Luzie Lange verstarb durch einen kombinierten Angriff auf den Hals durch Strangulation (Drosseln und Erhängen) und durch scharfe Gewalt (Verbluten). Aufgrund der Befunde an der Leiche und der Umgebung, der Toten, besteht hochgradiger Verdacht auf ein Tötungsdelikt.*

Bertram und ich, werden bis vor den Europäischen Gerichtshof gehen. Wir werden kämpfen, bis der oder die Täter zur Rechenschaft gezogen werden. Wir kämpfen für Luzie und all die Hinterbliebenen. Wir kämpfen für die Opfer, die von den Behörden allein gelassen werden.

Für die soll unsere Hilfsorganisation Anlaufstelle sein. Emotionales Verständnis und Hilfe anbieten sowie bei der Vermittlung an Fachkräften und der Koordination der Hilfe zur Selbsthilfe unterstützend mitwirken. Alles stets unter Berücksichtigung des Datenschutzes und der persönlichen Sicherheit der Betroffenen.

Kein Tag ohne Luzie!

ENDE

Nachtrag von Marion Waade

Wenn ein Mensch gewaltsam getötet wird, tritt für die Angehörigen eine unendlich scheinende Ausnahme- und Stresssituation ein, die von Nichtbetroffenen kaum oder nicht nachempfunden werden kann.

Eine individuelle Nachsorge für die Betroffenen ist nötig. Was benötigen die Angehörigen, wenn die Behörden mit ihrer Arbeit fertig sind? Oft wird vermutet, dass jetzt die Trauma- und Trauerbewältigung einsetzen sollte. Selten werden die betroffenen Familienangehörigen gefragt, was sie gerade zu dem Zeitpunkt benötigen. Die Familien sind in den ersten Monaten und oft auch Jahre damit beschäftigt, ihre Rechte im Zusammenhang mit der Tötung zu erkämpfen. Sie wollen aber auch verstehen, was da passiert ist, wie ein Mensch eigentlich mit einer tödlichen Gewalttat umgehen und weiterleben kann.

Was passiert?

Der Schock nach der Übermittlung der gewaltsamen Tötung, ... dann der Stress mit den Auswirkungen der Tat und Regelung aller strafrechtlichen Aktionen und ... die Gefahr der immer wieder kehrenden Re-Traumatisierungen durch den fehlerhaften Umgang mit ihnen.

Ungerechtigkeiten, Stigmatisierungen und das Unverständnis im sozialen Umfeld. ANUAS spricht vom Schock-Stress-Trauma.

ANUAS sieht hier, als kompetente Betroffenen-Organisation, seinen Ansatz über spezielle Erfahrungs-Projekte, um eine Trauma- und Trauerbewältigung überhaupt zu ermöglichen.

Die Betroffenenkompetenz einer Betroffenenorganisation auf allen strukturellen Ebenen ist nicht zu unterschätzen. Es geht konkret um Entlastung – Stabilisierung – Vertrauensaufbau.

Das ist nicht einfach, weil die betroffenen Familien noch lange mit dem Strafprozess und den Nachwirkungen zu tun haben. Die ständigen Belastungen führen dazu, dass es zu einem ständigen Auf und Ab kommt.

Wenn Fragen beantwortet worden sind, die Probleme minimiert wurden und Ungerechtigkeiten und Stigmatisierungen entgegengewirkt wurde, strafrechtliche Klärungen erfolgt sind, erst dann werden die Betroffenen es schaffen, langsam zur Ruhe zu kommen und sich ihrer Trauma- und Trauerbewältigung zu widmen.

Diese Arbeit erfüllen sehr gut spezialisierte Trauerbegleiter und die Trauer-Organisationen.

ANUAS füllt mit seiner wichtigen Arbeit seit 2008 eine Lücke im System.

Als »Experten in eigener Sache« bringt ANUAS Fachkompetenz und Betroffenenkompetenz für andere Menschen ein.

Im Jahr 2012 hat ANUAS aktiv mitgewirkt an der Richtlinie 2012/29/EU, vom 25.10.2012 über Mindeststandards für die Rechte, die Unterstützung und den Schutz von Opfern von Straftaten (Umsetzung in nationales Recht 16.11.2015).

Wir sind stolz auf das Erreichte für die Familienangehörigen gewaltsamer Tötung. Angehörige haben Rechte.

EU-Pressemitteilung (16.11.2015):

»… *Familienangehörige von Personen, die infolge einer Straftat zu Tode kamen, zählen zu den Opfern und genießen dieselben Rechte wie die Opfer selbst* ***einschließlich des Rechts auf Information, Unterstützung und Entschädigung*** …«

In Deutschland erhalten die Angehörigen gewaltsamer Tötung noch nicht die Hilfen, die die EU vorschreibt. ANUAS sieht seine Aufgaben konkret über Information, Aufklärung, psychosoziale Beratung und Präventionsarbeit als Vorbereitung für weitere Bewältigungsarbeit.

Bundesweite ANUAS-Ansprechpartner

In jedem Bundesland gibt es ANUAS-Landes- Anlauf-Stellen, sowie betroffene Angehörige für den ehrenamtlichen Einsatz.

Die Förderung des bürgerschaftlichen Engagements wird auch gleichzeitig als Hilfe zur Selbsthilfe bei Betroffenen gesehen. Die Ansprechpartner in den einzelnen Bundesländern werden nicht für die Beratungstätigkeit eingesetzt, sondern lediglich für den Austausch oder zur gesundheitspräventiven Projektarbeit.

Die Aufgaben der ANUAS Hilfs- und Selbsthilfeorganisation sind gezielt aufgebaut und werden strukturiert umgesetzt, um Re-Traumatisierungen bei Betroffenen zu vermeiden.

Jeglicher erste Kontakt zur Information, Beratung, Entlastung, Stabilisierung und Vertrauensaufbau erfolgt ausschließlich über die ANUAS Bundesgeschäftsstelle.

Die ehrenamtlichen Helfer in der Geschäftsstelle werden regelmäßig geschult, nutzen Weiterbildungen und fachliche

Netzwerkarbeit, um Kompetenzen zu entwickeln und gezielt für die Hilfsangebote einzubringen.

In den einzelnen Bundesländern gibt es Ansprechpartner/Selbst-Betroffene, die den gezielten emotionalen Austausch und präventive Projektarbeit mit Betroffenen umsetzen, zur Entlastung, Stabilisierung und Vertrauensaufbau. Dabei werden diese Anlaufstellen von der Bundesgeschäftsstelle unterstützt.

Der ANUAS finanziert sich bisher weiterhin selbstständig. Landesgelder stehen für den ANUAS nicht zur Verfügung. Bundes-Haushaltsgelder sehen eine Finanzierung solch einer Einrichtung nicht vor. Die Mitgliedsbeiträge und Spendengelder werden überwiegend für Opferhilfen gespendet.

Die Selbsthilfearbeit beim ANUAS wird nur von einzelnen wenigen Krankenkassen als gesundheitspräventive Projektarbeit finanziert.

Damit ist es kaum möglich, dass die ANUAS-Selbsthilfe sich selbstständig finanziert, wie dieses die Kassenverbände (GKV und VdEK e.V.) verlangen, nach §20 h SGB V - Pauschalförderung (Raumkosten, Nebenkosten, Öffentlichkeitsarbeit, Verbrauchsmaterialien – Drucker, Computer ... u. Ä.).

Da ANUAS eine bundesweit einmalige Betroffenen- Hilfs- und Selbsthilfeorganisation zum Thema ist und die Hilfen bei Gewaltfällen nicht getrennt werden können, trägt die Hilfsorganisation die Selbsthilfeorganisation des ANUAS – beide Strukturen sind eine Hilfs- und Selbsthilfeorganisation im Interesse betroffener Menschen und werden nicht getrennt.

Welche Hilfen jeder Betroffene benötigt, entscheidet dieser mit Unterstützung des ANUAS selbst.

Struktur des ANUAS e.V. – bundesweit

Der ANUAS setzt sich zusammen aus:

- Hilfsorganisation, bundesweit
- Selbsthilfeorganisation, bundesweit
- Beratungs- und Kontaktstelle in Berlin
- Wissenschaftlicher Beirat
- Schirmherren und Botschafter
- Ehrenmitglieder

Der ANUAS wird unterstützt durch:

- Ehrenamtliche Helfer
- Fachkräfte als Assoziierende Mitglieder
- Vollmitglieder und Fördermitglieder
- Organisationsmitglieder
- Beratend durch den Wissenschaftlichen Beirat

Die Zusammensetzung des ANUAS und seines großen Netzwerkes repräsentiert ein breites Spektrum an speziellen Angeboten für Angehörige von Mord, Tötung, Suizid und Vermissten - sowie auch Täterangehörigen. Der ANUAS e.V. verbürgt sich - als bislang einzige bundesweit tätige Betroffenenorganisation - für die Beteiligung von Betroffenen, Angehörigen und bürgerschaftlich Engagierten.

Er setzt sich für die Gesundheits- und Kriminalprävention bei Betroffenen ein.

Der geschäftsführende Vorstand besteht aus dem Vorsitzenden und dem Stellvertreter.

Der geschäftsführende Vorstand wird unterstützt durch die Beauftragte für Integration und Inklusion und der

Datenschutzbeauftragten sowie der bundesweiten Selbsthilfevertreterin.

Die Mitglieder des Vorstandes sind - entsprechend der Satzung - durch die Mitgliederversammlung gewählte Vertreter, die sich ausschließlich ehrenamtlich für den ANUAS einsetzen.

ANUAS hat eine spezielle Mitgliederstruktur:

- Vollmitglieder
- Fördermitglieder
- Organisationsmitglieder
- Assoziierende Mitglieder

Im Jahr 2018 hat sich besonders herauskristallisiert, dass viele Menschen sich ehrenamtlich als assoziierende Mitglieder einbringen wollen. Das setzt sich bis heute aktiv fort. Dieses nutzt der ANUAS sehr gerne, weil diese Mitglieder sich mit ihrem Wissen, Können, Gedankengut in den ANUAS einbringen und den Verein optimal ohne oder wenig anfallende Kosten weiterbringen.

Der Vorstand arbeitet gut und vertrauensvoll mit dem Kassenwart, dem Kassenbeisitzer, den ehrenamtlichen Opferberatern und Opferbegleitern, dem bundesweiten Selbsthilfevertreter und dem Wissenschaftlichen Beirat zusammen, um die Aufgaben und Ziele des ANUAS umzusetzen.

Die Opferberatung und Koordinierung der Opferhilfen erfolgt ausschließlich, in der neu gegründeten professionell arbeitenden psychosozialen Beratungs- und Präventionsstelle, in der Geschäftsstelle in Berlin statt. Aus Corona-Gründen werden diese Beratungen überwiegend online durchgeführt.

Die ehrenamtlichen Unterstützer nehmen regelmäßig an Weiterbildungen teil.

Ergänzend zur Beratungsstelle wurde eine neutrale Ombudsstelle eingerichtet, welche bei Krisensituationen nach einer gewaltsamen Tötung innerhalb der Familien angeboten wird. Ein Hochschulzertifizierter Mediator bietet ehrenamtlich in kleinem Rahmen ehrenamtliche Hilfen an, es werden Familienkrisen besprochen und gemeinsame Lösungswege gefunden.

ANUAS Arbeitsgruppentreffen und Runde Tische sind individuelle Online-Gruppentreffen, in denen der ANUAS - Arbeitsprogramme entwickelt und sich für die Interessen der Betroffenen einsetzt. Hier geht es in erster Linie darum, sich auf politischer Ebene für eine Umsetzung der Menschenrechte und Einfluss auf die Gesetzgebung zum Opferschutz einzusetzen.

Gemeinsam sprechen wir über:

- Projekte zur Verbesserung der Belange der Angehörigen von Mordfällen = Opfer
- Probleme bei der Umsetzung der Hilfe zur Selbsthilfe
- Bei Diskriminierungen und bei Stigmatisierung der Betroffenen
- Probleme bei der Umsetzung der Menschenrechte

Es zeigte sich im Jahr 2020 und 2021 verstärkt die Wichtigkeit, dass Betroffene mit ihren Fällen teilweise in die Arbeitsgruppentreffen involviert wurden. Es gibt sehr unterschiedliche und individuelle Problemlagen.

Betroffene fühlen sich nicht ausreichend verstanden bei Gerichtsverhandlungen, sie fühlen sich teilweise diskriminiert und stigmatisiert.

Arbeitsgruppenmitglieder nutzten aus dem Grund die Möglichkeit, an einzelnen Gerichtsverhandlungen teilzunehmen.

Es wird kritisiert, dass Rechtsanwälte sich wenig Zeit nehmen, für eine ausreichende Beratung. Von einer psychosozialen Prozessbegleitung, die rechtlich den Betroffenen zusteht, wussten viele Einrichtungen nichts oder hielten diese nicht für nötig.

ANUAS nahm im Rahmen der Verbändeanhörung des BMJV an der Weiterentwicklung und Neuregelung des Strafgesetzes teil. Dabei war es ANUAS wichtig, entsprechend EU-Recht, dass Angehörige gewaltsamer Tötung den Opferstatus haben. Sie müssen so behandelt werden, wie das Opfer selbst, wenn es noch leben würde.

Richtlinie 2012/29/EU, vom 25.10.2012 über Mindeststandards für die Rechte, die Unterstützung und den Schutz von Opfern von Straftaten.

Vermehrt nutzt der ANUAS die Möglichkeit, an EU beauftragte Studien und Verbändeanhörungen zur korrekten Umsetzung von EU-Recht zu beteiligen. Die Universität Erlangen hat eine umfangreiche Studienbefragung - im Auftrag der EU – zu Femizidfällen beim ANUAS durchgeführt.

ANUAS ist seit 2017 im Transparenzregister der EU eingetragen und nutzt regelmäßig Möglichkeiten der Berichterstattung über Sachstandsmitteilungen zum Stand der Umsetzung der Opferrechte.

Seit Oktober 2021 berichtet ANUAS regelmäßig über Online-Austauschgespräche der EU-weiten Opferorganisation Victim Support Europe (VSE) über die Problemlagen der Opfer innerhalb der EU.

ANUAS war beteiligt an der EU weiten Verbändeanhörung zu folgenden Themen:

- Unterstützung von Opfern von Straftaten - Evaluierung der Opferschutzrichtlinie (ANUAS - Evaluations -Forschungsbericht)
- Aufforderung zur Stellungnahme zu einer Folgenabschätzung / Überarbeitung des Besitzstands im Bereich der Opferrechte - JUST B2
- Datenschutz bei der Strafverfolgung - Bericht über die Richtlinie zum Datenschutz bei der Strafverfolgung
- GD JUST - C.3

ANUAS hat mit Schreiben an die EU-Justice- Ressort darauf hingewiesen, dass die EU-Richtlinie zum Mindeststandard für Gewaltopfer in Deutschland nicht richtig umgesetzt wurde, zum Schaden von Betroffenen des ANUAS. Es konnte erwirkt werden, dass die ANUAS-Angaben in eine Prüfung der EU mit eingeflossen sind. Die EU-Richtlinie wird demnächst konkretisiert, so sollen u. a. Monitoring- Stellen für u. a. Betroffene in den EU-Ländern geschaffen werden. ANUAS hat angeregt, eine Betroffenen - Hilfs- und Selbsthilfeorganisation, zum Beispiel ANUAS (bezogen auf das Thema) mit einzubeziehen.

ANUAS hat eine Web-Unterseite eingerichtet, auf der alle Verbändeanhörungen deutschlandweit und EU- weit, an denen ANUAS beteiligt war, eingestellt wird:

https://anuas.de/eu-sachberichte-und-verb%C3%A4nde-anh%C3%B6rungen/

Der ANUAS engagiert sich intensiv im Rahmen einer umfassenden Informations- und Aufklärungsarbeit.

Dazu wird die Öffentlichkeits- und Netzwerkarbeit weiter ausgebaut, über kriminal-, gesundheits- und integrativen Projekten.

ANUAS ist gut strukturiert aufgestellt und erweitert das Hilfsnetzwerk auf allen Ebenen der Gesellschaft und Politik.

ANUAS ist aufgeführt in allen bekannten bundesweiten **Gewaltpräventionsnetzwerken**:

- ODABS: https://anuas.de/odabs-online-datenbank-fuer-betroffene-von-straftaten/
- Victim Support Europe https://victim-support.eu/help-for-victims/victims-rights/
- Netzwerk für Menschenrechte: https://www.netzwerk-menschenrechte.de/
- Zeugeninfo.de: https://zeugeninfo.de/
- Verbindliches Transparenzregister der EU https://ec.europa.eu/commission/presscorner/detail/de/IP_20_1106

Der Bundesverband ANUAS e.V. ist **Mitglied im Deutschen Verband der Pressejournalisten**. Über diesen Weg hat ANUAS eine optimale Möglichkeit gefunden, in der Öffentlichkeit für die individuellen Problemlagen bei Betroffenen zu sensibilisieren und auf fehlende Opferhilfen hinzuweisen.

Kriminalpräventives ANUAS-Projekt: ANUAS TALK

Start 2020

Der ANUAS Talk ist ein neues ANUAS Projekt, Vorplanung im Jahre 2019:

Journalisten begleiten Angehörige gewaltsamer Tötung und zweifelhafter Suizide! Beim ANUAS werden betroffene Angehörige von gewaltsamer Tötung und zweifelhaften Suiziden interviewt.

Die Grundidee

Die Grundidee besteht darin, den Betroffenen eine Stimme zu geben. Was ist Ihnen passiert? Welche Hilfen haben Sie erhalten, welche Hilfen hätten Sie sich gewünscht? ... Es geht speziell um alle Punkte, welche bei Menschen zu Re-Traumatisierungen führen können. Die Journalisten greifen Punkte der gesellschaftlichen Verantwortung sowie Werte und Normen auf. Es wird darum gehen, aufzuzeigen, wie mit Menschen unserer Gesellschaft umgegangen wird, wenn diese bereits das Schlimmste erlebt haben, was man erleben kann ein Angehöriger / Kind kam gewaltsam zu Tode.

Betroffene berichten in den fachlich kompetent begleiteten Interviews über:

Diskriminierungen, Ungerechtigkeiten, Persönlichkeitsrechtsverletzungen, Ignoranz und Aggression im Umgang mit ihnen.

Ziel des Projektes

- Unterstützung bei der Verbesserung der Opferrechte und des Opferschutzes
- Sensibilisierung in der Gesellschaft für die Probleme und Anliegen der betroffenen Angehörigen
- Förderung der gesellschaftlichen Verantwortung und Gerechtigkeit
- Unterstützung der Umsetzung der Normen, Menschenrechte und Werte

Über die Webseite www.anuas.de, Unterpunkt »ANUAS-Talk« können aktuelle Berichte zu folgenden Themen nachgelesen werden:

- Buchlesungen von Betroffenen
- Interviews mit Betroffenen
- Interviews mit Fachberatern
- Ein Kriminal-Profiler berichtet

Alle Beiträge sind ebenso über den YouTube-Kanal des Bundesverbandes ANUAS e.V. nach verfolgbar:
https://www.youtube.com/channel/UCVv1HoYGu5PwruIEvOu9U8A

Die UN-Behindertenrechtskonvention

Gesellschaftliche Teilhabe ist ein Menschenrecht, das ohne Einschränkungen auch für seelisch und / oder psychisch erkrankte Menschen gilt.

Integration und Inklusion

Seit dem Inkrafttreten der UN-Behindertenrechtskonvention und der Vorstellung des Nationalen Handlungsplans der Bundesregierung ist in der öffentlichen Diskussion immer häufiger der Begriff »Inklusion« zu lesen und zu hören.

Nicht selten in Kombination oder als Ergänzung zum vertrauter klingenden Begriff der »Integration«. Es handelt sich dabei jedoch nicht einfach um den Austausch eines Schlagwortes durch ein anderes: Integration und Inklusion bezeichnen vielmehr zwei sich grundlegend unterscheidende sozialpolitische Konzepte und stehen für unterschiedliche Sichtweisen auf die Gesellschaft.

Während die Integration davon ausgeht, dass eine Gesellschaft aus einer relativ homogenen Mehrheitsgruppe und einer kleineren Außengruppe besteht, die in das bestehende System integriert werden muss, stellt die Inklusion eine Abkehr von dieser Zwei-Gruppen-Theorie dar und betrachtet alle Menschen als gleichberechtigte Individuen, die von vornherein und unabhängig von persönlichen Merkmalen oder Voraussetzungen Teil des Ganzen sind. Das Konzept der Integration nimmt also bewusst Unterschiede wahr und verlangt vom Einzelnen, dass er sich an das Mehrheitssystem anpasst, um ein vollwertiges Mitglied der Gesellschaft zu sein.

Die Inklusion dagegen ordnet unterschiedliche individuelle Eigenschaften und Voraussetzungen nicht auf einer Werteskala, sondern betrachtet die Vielfalt und die Heterogenität der Gesellschaft als grundlegend und selbstverständlich. Hier muss sich nicht der Einzelne dem System anpassen, sondern die gesellschaftlichen Rahmenbedingungen müssen so flexibel gestaltet sein, dass sie jedem Einzelnen Teilhabe ermöglichen.

Für den ANUAS bedeutet dieses:

Angehörige gewaltsamer Tötung sind Opfer psychischer Gewalt aus einer tödlichen Gewalttat heraus.

Aufgrund der langen Jahre dauernden psychischen und teilweise körperlichen Einschränkungen - psychischer und seelischer Leidensdruck - sind diesen betroffenen Menschen keine Teilhabemöglichkeiten in der Gesellschaft mehr gegeben. Sie werden arbeitslos, haben einen Grad der Behinderung und sind viele Jahre krank. Das Thema macht Angst und führt zu Berührungsängsten. Betroffene Angehörige werden diskriminiert und ausgegrenzt.

ANUAS hat sich an der Verbändeanhörung Deutschlands beteiligt. Die Akzeptanz für die Betroffenen des ANUAS ist noch nicht ausreichend vorhanden, sodass weitere Sensibilisierungs- und Aufklärungsarbeiten nötig sind.

Bundesweite ANUAS-Themenwochen

Die jährlich stattfindenden bundesweiten ANUAS Themenwochen in Berlin sind die bisher größten Selbsthilfeveranstaltungen, die es für betroffene Angehörige gibt.

Innerhalb der Themenwochen gibt es Informations-Aufklärung zu verschiedenen Themen:

- Austauschgespräche
- Individuelle und vielfältige Work-shops
- Fachtage
- Weiterbildungen und Schulungen für Betroffene

Eine Besonderheit dieser Themenwochen ist die Beteiligung von Betroffenen und nicht betroffenen Fachleuten, Interessierte. Auf dieser Basis kann für das Thema betroffener Angehöriger richtig in der Gesellschaft sensibilisiert werden.

Betroffene erhalten eine Stimme, werden gehört mit ihren Sorgen, Problemen, Nöten, Anliegen.

Welche Wünsche und Bedürfnisse haben betroffene Angehörige? Welche Hilfen haben sie erhalten und welche Hilfen hätten sie sich gewünscht.

Betroffenenkompetenz trifft Fachkompetenz. Lernen voneinander, miteinander, füreinander!

Die Themenwochen sind eine besondere Hilfe und gestatten Betroffenen selbstständig im Rahmen von Workshops zu erzählen und zu zeigen, was ihnen geholfen hat, wie sie persönlich und ihre Familie mit dem gewaltsamen Tod am Angehörigen umgegangen sind. Berührungsängste werden dadurch abgebaut.

Der 1. Tag der Themenwoche dient der Entlastung, der Stabilisierung und des Vertrauensaufbaus.

ANUAS organisiert dafür eine Berlin-Fahrt.

Die Besichtigung von Sehenswürdigkeiten, eine Dampferfahrt, gemütliches Beisammensein und vieles mehr … Man kann sich »beschnuppern«, kennenlernen, … mag man sich, oder eher nicht … mit wem kann ich, mit wem nicht …

Ab dem 2. Tag: Aktivitäten werden durchgeführt:

- Fachtag: »Restorative Justice«
- Workshop: Kreatives Schreiben
- Workshop: Musik
- Workshop: Nonverbale Kommunikation
- Workshop: Theater

- Workshop: Nonverbale Kommunikation und Malttechniken
- Workshop: Sucht – Natürliche Alternative »Bachblüten«
- Workshop: »Depressionen«
- Workshop: »Facetten der Trauer« & »Rituale«

An allen Tagen gibt es vielfältige Möglichkeiten des öffentlichen und persönlichen Austausches. Fachleute, die als Gäste geladen sind (Rechtsanwälte, Polizisten, Richter, Selbsthilfevertreter, die Presse, Detektive ...) tauschen sich mit den Betroffenen aus und versuchen kompetente individuelle Ratschläge zu erteilen.

Alle Veranstaltungen und Aktivitäten des ANUAS werden gefilmt und öffentlich **auf dem YouTube- Kanal des ANUAS eingestellt.**

ANUAS-Schirmherren und Botschafter

https://anuas.de/schirmherr-und-botschafter-des- anuas-e-v/

Schirmherrschaft bedeutet Schutz, aber vor allem Gesicht zu zeigen und mit dem eigenen Namen überzeugt für eine Sache zu stehen und sie zu repräsentieren. Der Schirmherr wird nach außen mit seinem Engagement für den Bundesverband des ANUAS e.V. deutlich wahrnehmbar und Repräsentant sein. Zur Realisierung und Förderung der ausgewählten Projekte bedarf es ständiger Kommunikation mit der Öffentlichkeit. Um unsere Botschaft in die Welt zu tragen, brauchen wir die Botschafter, weil genau sie von unserer Idee begeistert sind. Die Botschafter beim ANUAS haben in den letzten Jahren aktiv die Projektarbeit unterstützt. Über Presse,

Rundfunk und Fernsehen unterstützten sie die Ideen des ANUAS, indem sie intensiver über die Aufgaben und Ziele öffentlich berichteten.

Gesundheits-integrativpräventive Projekte

Der ANUAS, als bundesweite Betroffenen- und Selbsthilfeorganisation steht unter der Trägerschaft der ANUAS Hilfsorganisation.

Zur gesundheitspräventiven Information und Aufklärung wurden zwei separate Webseiten für Betroffene und Nichtbetroffene eingerichtet:

Selbsthilfeorganisation https://anuas-selbsthilfe.de/
Aufklärungsplattform https://anuas-traumaportal.de/

Die Selbsthilfeplattform dient als Hinweis für mögliche Austauschstellen, aber auch von Kooperationspartnern, die Hilfen für die Betroffenen anbieten, welche ANUAS nicht zur Verfügung stellt.

Das Traumaportal dient der niedrigschwelligen Information und Aufklärung für Betroffene und Nichtbetroffene über folgende Themen:

- Gewaltsame Tötung
- Trauma
- Auswirkungen
- Hilfen

Durch die Unterstützung der Aktion Mensch sowie einzelner Krankenkassen war es möglich einige kleinere

Präventionsprojekte umzusetzen, für die Nachsorge der Gewaltopfer, im Rahmen von Austausch- Gesprächs-Projekten:

- Imaginations- und Skillskarten
- Bewältigung und Entlastung durch Musik und Körperarbeit
- Gesprächskoffer: Techniken der Entlastung, Achtsamkeit und Stabilisierung
- Monatliche »Kompass«-Online-Austausch- Treffen, auch für Kinder und Jugendliche
- 14tägige Online-Austausch-Runden mit ANUAS erstellten Arbeitshilfen
- Erstellung einer Online-ANUAS-Bilder-Musik-Datenbank
- Ein möglicher Ansatz der Nachsorge
- Bewältigungsstrategien – Ressourcen – Resilienzen
- Digitale Selbsthilfe
- Komfortzonen in der Selbsthilfe
- ANUAS-Schreibwertstatt und Online- Schreibprojekt
- Schicksalswege und Ressourcen

ANUAS als Fördermitglied in der Bundesvereinigung Prävention und Gesundheitsförderung e.V.

Gemeinsam Gesundheit fördern!

Neue Mitgliedschaft des ANUAS e.V. in der Bundesvereinigung Prävention und Gesundheitsförderung e.V. Dem Bundesverband ANUAS e.V. ist die Präventionsförderung und Gesundheitsförderung sehr wichtig. Dabei ist ein besonderes Ziel, eine koordinierte präventive und gesundheitsfördernde Ausrichtung nicht nur im deutschen Gesundheitswesen, sondern in aller Politik und allen Lebensbereichen zu verankern und zu stärken. Die Bundesvereinigung Prävention und

Gesundheitsförderung e.V. verfolgt gleiche Zwecke und Ziele, sodass der ANUAS gute Möglichkeiten sieht, über den Weg der Mitgliedschaft die Vernetzung von staatlichen und nicht staatlichen Organisationen zu fördern sowie diverse Ressourcen zu bündeln und Synergiegewinne zu erzielen. Weiterhin unterstützt der ANUAS, als bundesweit einmalige Betroffenen-, Hilfs- und Selbsthilfeorganisation von Menschen, die einen Angehörigen durch eine Gewalttat verloren haben, die Initiierung und Mitwirkung bei der Erarbeitung, Weiterentwicklung, Festlegung und Umsetzung von Konzepten und Methoden zur Evaluation und Qualitätssicherung von Maßnahmen der Prävention und Gesundheitsförderung.

Speziell im Bereich der individuellen und gesundheitspräventiven Nachsorge und Koordinierung der Hilfe zur Selbsthilfe.

ANUAS fördert als Betroffenenorganisation die Unterstützung und Verbesserung der psychischen Gesundheit für Angehörige gewaltsamer Tötung.

ANUAS unterstützt die Bundesvereinigung Prävention und Gesundheitsförderung e.V. mit Informationen zu Themen der Prävention und Gesundheitsförderung im öffentlichen und politischen Raum.

Konkret bezogen auf Erfahrungen der gesundheitspräventiven Projektarbeit, sowie Grenzen der Selbsthilfe bei Schwersttraumatisierten nach einer tödlichen Gewalttat, um Re-Traumatisierungen Betroffener zu vermeiden und den Schutz für Angehörige zu gewährleisten.

Anerkennung der Förderfähigkeit des ANUAS im Rahmen der Prävention und Gesundheitsvorsorge durch die GKV und VdEK e.V.

Weiterhin wird Unterstützung benötigt bei Finanzierungsmöglichkeiten über die GKV und die VdEK zur Selbsthilfearbeit der ANUAS Bundesorganisation.

ANUAS Vertreter der einzelnen Bundesländer erhalten keine Finanzierungen ihrer Selbsthilfeprojekte und auf Projektanträge keine Antworten.

Die Kassenverbände (GKV und VdEK) finanzieren zukünftig nur noch ausschließlich Selbsthilfevereine (entsprechend dem Leitfaden der Selbsthilfe), es darf keine Aktion im kriminalpräventiven Bereich erfolgen.

Aus dem Grund werden seit 2009 alle Projektanträge des ANUAS abgelehnt. Die Betroffenen haben rechtlichen Anspruch auf Hilfen nach dem §20 h SGB V. Diese Hilfen werden verwehrt zum gesundheitlichen Schaden von Menschen.

ANUAS hat von 2018 bis 2020 mit Förderung durch die Fernsehlotterie eine Selbsthilfe-Beratungs- und Kontaktstelle geschaffen.

Dieses war eine Grundvoraussetzung der VdEK e.V.

Trotzdem wurde die Förderfähigkeit des ANUAS nicht anerkannt. Angestellte, die die Selbsthilfe beim ANUAS optimiert und umgesetzt haben, mussten entlassen werden, weil die Gelder durch die GKV und VdEK nicht bewilligt wurden.

Kriminalpräventive Projekte

Über Informations- und Aufklärungsprojekte wird auf den Leidensdruck und die langfristigen Auswirkungen nach einer tödlichen Gewalttat hingewiesen. Wichtig war es dem ANUAS, den Kontakt mit Tätern zu finden und Aufklärungsarbeit zu leisten. Bisher ist die Kommunikation in zwei JVA's bundesweit ermöglicht worden.

Betroffene Angehörige berichten von ihrem Leben nach der Gewalttat.

Die Täter arbeiten mit Psychologen und dem Wissen des Schadens im Rahmen der Resozialisierung.

Gemeinsam werden Möglichkeiten der Restorativen Justice beleuchtet.

Restorative Justice = Wiedergutmachung ist bei Mordfällen schwer zu ermöglichen.

Über das Projekt ANUAS-Täter-Opfer-Begegnung (TOB) wurden bereits erste Hilfsmöglichkeiten durch Betroffene angenommen.

Eine Zusammenarbeit mit dem Täter-Opfer-Ausgleich wurde intensiviert. In eine Fortbildung der Mediatoren beim TOA wurde eine Referentin des ANUAS angefragt, welche über Möglichkeiten und Nichtmöglichkeiten des TOA bei Mordfällen sprach. Es wurden auch hier in dem Zusammenhang Möglichkeiten vorgestellt, welche als Restorative Maßnahme genutzt werden könnte.

Die Schwierigkeit bestand darin, dass die Problemlagen der Angehörigen von Nichtbetroffenen schwer verstanden werden. ANUAS spricht sich dafür aus, dass ein TOA bei Mordfällen nicht möglich ist. Allerdings über das ANUAS-TOB-Projekt ist dieses sehr wohl durchführbar und wird an Einzelfällen bereits gut praktiziert.

Als Koordinator konnte ehrenamtlich ein ehemaliger Mitarbeiter des TOA als Assoziierendes Mitglied gewonnen werden, der jetzt im Ruhestand ist. Mit seinen jahrelangen Kontakten und Erfahrungen sowie die Kenntnisse durch intensive

Betroffenenarbeit beim ANUAS und ehrenamtlichen Mediatoren des ANUAS werden individuellen Hilfen für die Opfer umgesetzt, so zum Beispiel:

- Gespräche in JVA's, mit Tätern
- Austauschmöglichkeit von Opfer- und Täterangehörigen
- Austausch mit Behördenstellen, bei denen es im Betroffenenfall Problemlagen gab.

Literaturquellen

https://justitiasnews.wordpress.com/
2016 Obduktionsbericht
Prof. Dr. Bernd Brinkmann, 2020
www.presseportal, 2018
www.welt.de/regionales/berlin/article, 2008
www.bz-berlin.de/archiv-artikel
https://www.youtube.com/watch?v=P0xpcypf22s&t=138s
https://www.youtube.com/watch?v=cNPsjW8jqHE
https://anuas.de/
www.magdeburg.de

Nachwort und Danksagung

Der Roman, »Kein Tag ohne Luzie«, ist ein Herzensprojekt von mir und baut eine Brücke zwischen Realität und Fantasie.

Als ich vor einigen Jahren das Ehepaar Waade kennengelernt und von ihrem tragischen Schicksal erfahren habe, flatterten die Gedanken in meinem Kopf durcheinander. Es dauerte mehrere Jahre, bis ich endlich für mich einen Weg fand, diese Geschehnisse in Form eines Romans niederzuschreiben.

»Kein Tag ohne Luzie« lehnt sich an das Schicksal von Susan Waade, die 2007 auf tragische Weise in Griechenland verstarb.

Mein herzlicher Dank gilt Marion Waade, die mir ihr Vertrauen geschenkt und den Nachtrag für dieses Buch geschrieben hat.

Ein besonderer Dank geht an Frau Simone C. Franzius, von der Franzius Verlag GmbH, für die Veröffentlichung der Geschichte.

Genauso herzlich sage ich ein Dankeschön an Sigrid Wohlgemuth, Lektorin und Korrektorin, die mich beim Schreiben begleitet und unterstützt hat.

Ein großer Dank gilt Udo Lindenberg.

Mit seiner Erlaubnis und den Worten »Hi Karin, Die Zeilen gehen klar« durfte ich Textstellen aus seinem Song »Hinterm Horizont gehts weiter« zitieren.

Danken möchte ich meiner Familie, die mich in allem unterstützt und ohne die es nicht möglich wäre, meinen Traum vom Schreiben zu verwirklichen.

»If you can dream it, you can do it.«

Die Autorin

Karin Büchel ist in Gelsenkirchen geboren, mitten im »Pott« und aufgewachsen in Hennef/Sieg.

Sie hat in Augsburg und an der Friedrich-Wilhelm-Universität in Bonn studiert. Seit vielen Jahren lebt sie mit ihrer Familie in unmittelbarer Nähe des Rheins. Sie arbeitet als Pädagogin in Werkstätten für Behinderte.

Seit einigen Jahren schreibt sie, neben Kurzgeschichten auch Kriminalromane, die im Rheinland spielen.

Wichtig sind ihr stets der regionale Bezug und ein Quäntchen Humor.

Sie ist Mitglied der »Mörderischen Schwestern e.V.«, im »Syndikat« und in der »Literaturwerkstatt Hennef«.

Ihr Lebensmotto

»If you can dream it, you can do it.«

Kontaktmöglichkeiten:

https://karinbuechel.jimdofree.com
karinbuechel@gmx.de
https://www.facebook.com/karin.buchel.9

Veröffentlichungen

ICH war es!, Kriminalroman, Pohlmann Verlag, 2022
Am Anfang ist ein weißes Blatt, Kurzgeschichten, BoD, 2022
Oh du tödliche ..., Kriminalanthologie, BoD, 2021
Beueler Miniaturen, Anthologie, KiD Verlag, 2020
BER darf nicht sterben, Anthologie, Dirk Laker Verlag, 2020
Das Wäldchen, Kriminalroman, Edition Lempertz, 2019
Die Toten vom Ennert, Kriminalroman, CMZ Verlag, 2017
Frau Fischer ermittelt, Kriminalroman, Brighton Verlag, 2016
Nix zu verlieren, Anthologie, Brighton Verlag, 2015
sowie weitere Beiträge in verschiedenen Anthologien

Weitere Romane nach wahren Begebenheiten

»Endstation Himmel – Die letzten Jahre mit meinen pflegebedürftigen Eltern«
Roman über Pflege und Altersdemenz
von Angelika Lorenz
ISBN 978-3-96050-186-2

»Manchmal ist das Leben echt zum Kotzen«
Autobiografie zum Thema Essstörung
von Nina Federlein
ISBN 978-3-945509-10-4

»Sand in ihren Schuhen«
Autobiografie zum Thema Gewalt in der Ehe & Auswanderung
von Petra Liermann
ISBN 978-3-945509-30-2

»Barackenkinder. Wir Nachkriegs-, Heim und Barackenkinder. Warum nur hat man weggeschaut und geschwiegen.«
Roman zum Thema Kindsmissbrauch in Kinderheimen im Nachkriegsdeutschland
von Marion Schinhofen
ISBN 978-3-96050-158-9

Novitäten im Franzius Verlag

»Tretmühlentreue«
Belletristik zum Thema Kindsmissbrauch
und Opfer-Täter-Verhältnis
von Reinhold Franz-Reisert
ISBN 978-3-96050-244-9

»Die Siegel Asinjas –
Teil 3: Die Macht der Dämonen«
Fantasy-Roman / Young Adult
von Andi LaPatt
ISBN 978-3-96050-212-8

»Fette Sau – Ich bin gegen Mobbing – und Du?«
Roman von Christiane Kromp
ISBN 978-3-96050-201-2

»Nachbeben – Oder gehört das ganze Leben in die Änderungsschneiderei?«
Liebesroman von Sybille Statz
ISBN 978-3-96050-192-2

»Shitstorm – Ein Edda-Valby-Krimi«
Band 2 der Edda-Valby-Reihe
Skandinavienkrimi von Neal Skye
ISBN 978-3-96050-232-6

»Rechne mit dem Tod«
Band 3 der Edda-Valby-Reihe
Skandinavien-Krimi von Neal Skye
ISBN 78-3-96050-243-2

»The Train Ticket - A Scottish Adventure«
Englische Ausgabe des deutschsprachigen Originals
Von Monica Heinz, ISBN 978-3-96050-238-8
Originalausgabe: "Das Zugticket"
ISBN978-3-96050-188-6

»Blutspur 629"
Band 3 der "Rich & Mysterious«-Reihe
Detektivroman von Neal Skye, ISBN 978-3-96050-214-2

Sachbücher und Ratgeber

»Verschenke deine Zeit sinnvoll - Die Kunst, Zeit bewusst in das zu investieren, was dich erfüllt«
Von Regula Meile
ISBN 978-3-96050-233-3 (Hardcover)
ISBN 978-3-96050-234-0 (Softcover)

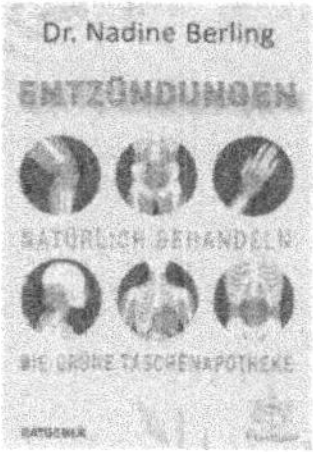

»Entzündungen natürlich behandeln — Die grüne Taschenapotheke«
Von Prof. Dr. Nadine Berling
ISBN 978-3-96050-203-6 (Hardcover)
ISBN 978-3-96050-210-4 (Softcover)

»Enneagramm und Hochsensibilität– Die neun Persönlichkeitstypen und ihr Entwicklungspotenzial«
Von Dr. Marianne Skarics
ISBN 978-3-96050-215-9 (Hardcover)
ISBN 978-3-96050-170-1 (Softcover)

»Nicht offensichtliche Megatrends – Wie man erkennt, was andere übersehen, und die Zukunft vorhersagt«, Deutsche Erstausgabe
Von Rohit Bhargava
ISBN 978-3-96050-198-5 (Hardcover)
ISBN 978-3-96050-091-9 (Softcover)

»Grenzenlos – Wie man seine Berufung findet und mit drei weiteren essenziellen Faktoren die individuelle Balance schafft, um im völligen Einklang mit dem eigenen Leben zu sein«, Deutsche Erstausgabe
Von Laura Gassner Otting
ISBN 978-3-96050-197-8 (Hardcover)
ISBN 978-3-96050-192-3 (Softcover)

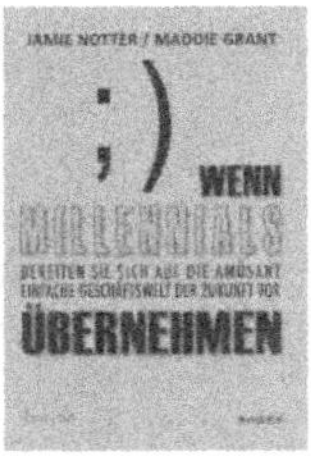

»Wenn Millennials übernehmen — Bereiten Sie sich auf die amüsant einfache Geschäftswelt der Zukunft vor«, Deutsche Erstausgabe
Von Jamie Notter und Maddie Grant
ISBN 978-3-96050-208-1 (Hardcover)
ISBN 978-3-96050-206-7 (Softcover)

»200 Ratgeber oder dieser – Die Essenz aus über 200 Ratgeber-Bestsellern zu den Themen: Glück, Gelassenheit, Gesundheit, Schlaf, Ernährung, Stress, Bewegung, Zeitmanagement, Kommunikation, Beziehungen, Erziehung und Finanzen. Mit Literaturtipps!«
Von Dr. Florian Hartnack
ISBN 978-3-96050-218-0 (Hardcover)
ISBN 978-3-96050-217-3 (Softcover)
ISBN 978-3-96050-239-5 (Hörbuch)

»Mit dem LEADERSHIP COURSE zu innerer Stärke, Souveränität und positiver Führungskraft«, Deutsche Erstausgabe
Von Frederick Dodson
ISBN 978-3-96050-225-8

Handbuch Kommunikation: Wie Sie Ihre Ausstrahlung, Stimme und den Wortschatz verbessern sowie Präsenz, Integrität und Authentizität erlangen«, Deutsche Erstausgabe
Von Frederick Dodson
ISBN 978-3-96050-223-4 (Hardcover)
ISBN 978-3-96050-222-7 (Softcover)

Kinder- und Jugendbücher

»Acello und das alte Museum«
Band 5 der »Acello«-Reihe
Von Mirjam Wyser
ISBN 978-3-96050-220-3

»Die Kristallkinder und die Suche nach dem Gralskelch«
Band 4 der »Kristallkinder«-Reihe
mit 12 Illustrationen von Gabriele Merl
Von Mirjam Wyser
ISBN 978-3-96050-227-2

»Der weise Zauberer: Abenteuer im Traumland«
Band 2 der »Weise Zauberer«-Reihe,
mit 13 Illustrationen von Gabriele Merl
Von Mirjam Wyser
ISBN 978-3-96050-241-8